DAS PERFEKTE DINNER

Willkommen in meiner Küche

vgs EGMONT

Bibliografische Information der Deutschen Nationalbibliothek
Die Deutsche Nationalbibliothek verzeichnet diese Publikation in der Deutschen Nationalbibliografie; detaillierte bibliografische Daten sind im Internet über http://dnb.d-nb.de abrufbar.

Originalausgabe:

verlegt durch EGMONT Verlagsgesellschaften mbH, Gertrudenstraße 30-36, 50667 Köln

Redaktion extern: Stefanie Zeller
Redaktion intern: Petra Flocke
Kapiteleinleitungstexte und Menükommentare: Andreas Hutzler
Koordination zwischen den Medien: Sylvia Breuing (RTL ENTERPRISES), Ralf Nöbel (VOX)
Produktion: Susanne Beeh
Layout, Satz und Umschlaggestaltung: Carmen Strzelecki, Grafikdesign und Illustration, Köln
Food- und Peoplefotos: Stephan Wieland, Düsseldorf; Cornelis Gollhardt, Köln
Modelagentur für Peoplefotos: Eintopf
Foodstyling: Stephan Krauth, Köln
Illustrationen: © VOX
Druck: Appl, Wemding
ISBN 978-3-8025-1748-8

Besuchen Sie unsere Homepage:
www.vgs.de

Inhalt

Wer einen guten Braten macht, hat auch ein gutes Herz.
(Wilhelm Busch)

Das Geheimnis eines perfekten Menüs

Anregungen, bei denen Sie, frei nach Wilhelm Busch, Ihr gutes Herz zeigen können, gibt es in diesem Buch viele. Und, seien Sie sicher, nicht nur mit guten Braten, sondern mit vielen anderen kulinarischen Leckerbissen wird Ihnen dies gelingen!
Das Thema dieses Kochbuchs sind aber nicht nur die vielen köstlichen Rezepte aus der Sendung »Das perfekte Dinner«. Es ist das perfekte Menü für einen perfekten Abend bei Ihnen zu Hause.
Aber was ist das Geheimnis eines gelungenen Menüs? Es muss abwechslungsreich gestaltet sein, aber die Gäste nicht überfordern, weder was die Geschmacksvielfalt noch was den Kaloriengehalt angeht. Wer gerade mit Genuss eine Gans verspeist hat, bereut es sofort, wenn er zum Dessert eine schwere Schokoladentorte serviert bekommt! Und wenn Sie noch so verführerisch aussieht ...
Damit Sie den Abend entspannt vorbereiten und Ihr Menü pannenfrei servieren können, sind jedem Menü nicht nur praxiserprobte Tipps zu Timing und Kochtechnik vorangestellt, sondern auch viele nützliche Informationen zum Einkauf der Zutaten und zusätzliche Hinweise für die ganz Perfektionswilligen unter Ihnen, die ihr Menü professionell gestalten wollen. Dabei werden Ihnen sicher auch die vielen Weintipps helfen, die jedes Menü begleiten.

So werden Sie Ihre Gäste frisch und ausgeruht empfangen und bewirten können, weil Vorbereitungszeit und Arbeitsaufwand der einzelnen Menüs entsprechend ausbalanciert wurden. Niemand wird Ihnen einen Punkt abziehen können, weil Sie zu viel Zeit in der Küche verbracht haben!

Und da Geschmäcker ja bekanntlich verschieden sind und sich über ebenjene nicht streiten lässt, finden Sie in diesem Buch fünf verschiedene Kapitel mit jeweils vier Menüs, die sowohl Küchenklassiker wie Gans, Wildhase und Ente beinhalten, als auch Menüs, die experimentierfreudige Feinschmecker aufhorchen lassen. Leichte und frische Gerichte aus der modernen Küche sind ebenso zu finden wie komplette Menüs mit ausschließlich vegetarischen Köstlichkeiten. Und zum Schluss wird ein Blick über den Tellerrand in die asiatische, spanische und sogar amerikanische Küche gewagt. Damit sind Sie für jeden Dinnerabend perfekt gewappnet!

In diesem Sinne: Ran an die Töpfe! Und viel Spaß beim Nachkochen!

So einfach geht das: schnelle Genüsse

Ein bisschen Schwindeln ist ja manchmal erlaubt. Wenn es einem guten Zweck dient! Diese Menüs als »Fast Food« zu bezeichnen ist ein klitzekleiner Schwindel. Ganz so geschwind wie ein amerikanisches Bulettenbrötchen gehen sie nicht. Aber fast! Denn diese Menüs können Sie erstaunlich schnell und unkompliziert zubereiten. Im Grunde sind sie also »Fast schon Fast Food«. Und sie schmecken um Welten besser als alles, was ansonsten Fast Food heißt. Und das ist, ohne jeden Schwindel, die volle Wahrheit!

Menü 1

Thunfischcarpaccio an Feldsalat auf Ziegenkäsedressing

Saltimbocca vom Pangasius auf scharfen Spaghetti in Papier

Ingwer-Limetten-Parfait auf gebratener Ananas

Menü 2

Tatar vom Thunfisch und Lachs auf Rauke

Zitronenhuhn mit Pinienkernkruste und Salbeibutter-Pasta

Safrancreme mit Fruchtpüree

Menü 3

Fischsuppe mit Rouille

Lammrücken mit Kräutern, Rucola-Möhren und Sesamkartoffeln

Orangenparfait mit Schokoladentrüffeln

Menü 4

Gebratener grüner Spargel mit Lauchzwiebeln, Serranoschinken und frischem Parmesan

Kaninchenrücken-Filet mit Salbei an Linsen und Trüffelpüree

Limetten-Maracuja-Tarte

Menü 1

Thunfischcarpaccio an Feldsalat auf Ziegenkäsedressing
Saltimbocca vom Pangasius auf scharfen Spaghetti in Papier
Ingwer-Limetten-Parfait auf gebratener Ananas

Das kann vorbereitet werden

Das Thunfischcarpaccio sollten Sie schon am Morgen vorbereiten, damit die Marinade gut einziehen kann. Der Salat kann geputzt werden. Das Parfait zubereiten und ins Gefrierfach stellen.

Timing

Dieses Menü lässt sich prima vorbereiten und ist besonders geeignet, wenn Sie am Abend des Dinners viel Zeit für Ihre Gäste haben wollen und nicht lange in der Küche stehen möchten. Da die Vorspeise und das Dessert schon am Morgen zubereitet werden müssen, sollten Sie am Tag vorher bereits alle notwendigen Zutaten einkaufen.

Am besten starten Sie mit dem Dessert. Es lässt sich schnell herstellen und kann geduldig im Gefrierfach auf seinen großen Auftritt warten. Mindestens 8 Stunden sollte es durchfrieren.

Anschließend sollte der Thunfisch vorbereitet werden, denn auch er muss 6 Stunden in seiner Marinade ziehen.

So geht's

Lassen Sie sich von einem Gefrierbeutel beim Marinieren von Fisch oder Fleisch helfen. Einfach die Marinade und den Fisch zusammen in einen Beutel geben, so viel Luft wie möglich herausdrücken und zuknoten. Die Tüte anschließend vorsichtig schütteln, damit das Filet gut bedeckt wird und dann in den Kühlschrank legen. Das wär's. Oder doch nicht ganz: Zwischendurch sollten Sie die Tüte immer wieder wenden, damit sich die Marinade gut verteilt.

Die Sauce für die Spaghetti sollten Sie frisch am Abend zubereiten, da der Knoblauch und die Zwiebel es Ihnen übel nehmen werden, wenn sie lange geschält und klein gehackt an der frischen Luft liegen. Sie verlieren an Aroma.

Nicht vergessen!

Das Dessert 20 Minuten vor dem Servieren aus dem Gefrierfach holen und in den Kühlschrank stellen. Sonst ist es beim Servieren zu fest.

Wenn's wirklich perfekt sein soll

Wenn Sie nicht möchten, dass Ihre Gäste beim Hauptgericht auf Holz beißen, dann achten Sie beim Zusammenklappen der Fischfilets darauf, dass sich die Enden – und wenn möglich auch die Ränder – berühren und an dieser Stelle kein Schinken zu sehen ist. Beim Anbraten sorgt das Fischeiweiß nämlich dafür, dass der Fisch auch zusammengeklappt bleibt.

Mit einem Zestenreißer lassen sich feine Streifen aus den Schalen von Zitrusfrüchten schneiden, die Sie für die Zubereitung vieler feiner Saucen oder fruchtiger Desserts benötigen. Die Anschaffung lohnt sich also.

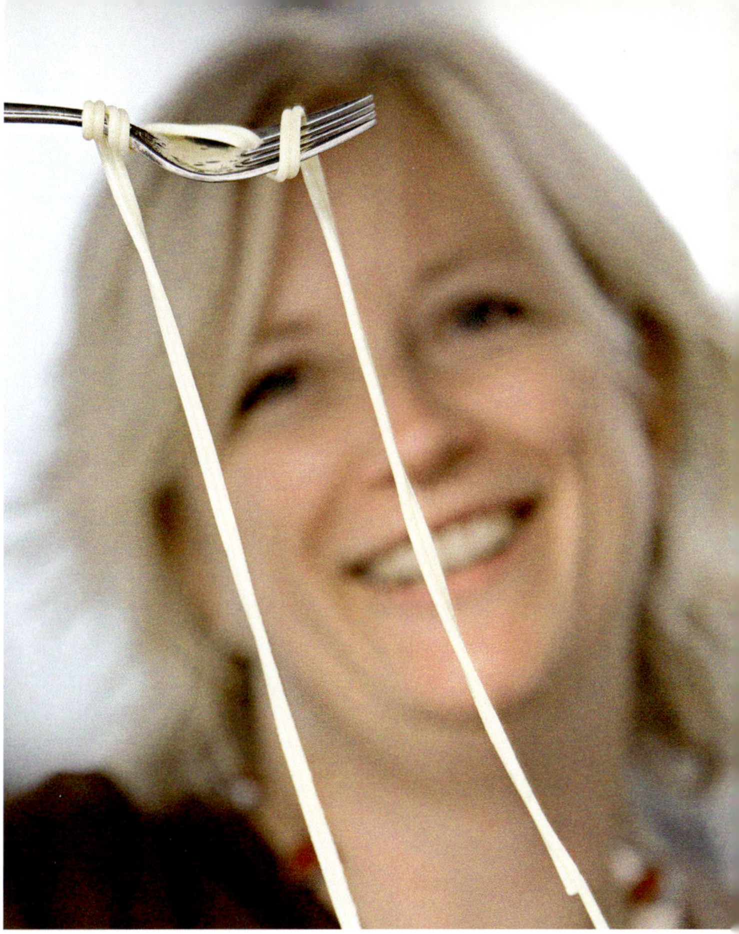

Probieren Sie hierzu einen fruchtigen und würzigen Vermentino aus Sardinien.

Thunfischcarpaccio an Feldsalat auf Ziegenkäsedressing

Für das Thunfisch-carpaccio

500 g Thunfischfilet in Sushiqualität
3 EL Olivenöl
3 EL Orangensaft
2 TL Zitronensaft
1 EL Sojasauce
Salz, schwarzer Pfeffer
1 TL Honig
Gefrierbeutel

Für den Salat

200 g Feldsalat
5 EL weißer Balsamicoessig
6 EL Wasser
100 g milder Ziegenfrisch-käse
6 EL Olivenöl
1 EL Honig
Salz, schwarzer Pfeffer
15 kleine Cherrytomaten
2 EL Zucker

1 Für das Thunfischcarpaccio das Olivenöl, den Orangen- und Zitronensaft, wie auch die Sojasauce mit etwas Pfeffer, Salz und Honig zusammenrühren und in einen Gefrierbeutel füllen. Das Thunfischfilet dazugeben, die Luft aus dem Beutel drücken und zuknoten. Anschließend für mindestens 6 Stunden im Kühlschrank marinieren.

2 Den Feldsalat putzen. Den Essig mit 6 EL Wasser in einem kleinen Topf aufkochen. Anschließend den Ziegenkäse, 5 EL Olivenöl sowie den Honig hinzugeben und alles gut verrühren. Das Ganze mit Salz und Pfeffer nachwürzen und zum Abkühlen beiseite stellen.

3 Die Tomaten waschen und halbieren. Zucker auf ein Küchentuch streuen, die Tomaten mit der offenen Schnittfläche hineindrücken. Dann die Tomaten mit der gezuckerten Seite nach unten in eine Pfanne mit 1 EL heißem Olivenöl geben und kurz anbraten bis der Zucker karamellisiert.

4 Kurz vor dem Servieren den Thunfisch aus der Tüte nehmen, abtropfen lassen und mit einem sehr scharfen Messer in feine Scheiben schneiden.

5 Den geputzten Salat mit dem abgekühlten Dressing, den noch heißen Tomaten und den Thunfischscheiben auf einem Teller anrichten. Über den Salat noch etwas schwarzen Pfeffer mahlen.

Hierzu passt ein kräftiger und gehaltvoller Pouilly-Fumé.

Saltimbocca vom Pangasius auf scharfen Spaghetti in Papier

Für die Saltimbocca

5 Pangasiusfilets
schwarzer Pfeffer
10 Salbeiblätter
5-10 Scheiben Parmaschinken (je nach Größe)
Salz
Olivenöl
italienischer Wermut

Für die scharfen Spaghetti

4 Zwiebeln
4 Knoblauchzehen
2 rote Chilischoten
Olivenöl
500 g Dosentomaten
Salz
Pfeffer
Zucker
600 g Spaghetti
1 Bund frisches Basilikum
1 Bund glatte Petersilie
2 Zweige Thymian
Backpapier
100 g grüne Oliven
50 g Kapern
5 kleine Zweige Rosmarin

1 Für die Spaghetti die Zwiebeln und den Knoblauch schälen und klein schneiden. Den Chili entkernen und in feine Streifen schneiden.

2 Dosentomaten würfeln. 4 EL Olivenöl in einem Topf erhitzen und die Zwiebeln wie auch den Knoblauch darin anschwitzen. Anschließend den Chili kurz mitdünsten. Die Tomaten hinzugeben und das Ganze bei mittlerer Hitze 15 Minuten köcheln lassen. Abschließend mit Salz, Pfeffer und etwas Zucker abschmecken.

3 Die Spaghetti bissfest kochen, abgießen und kalt abschrecken. Die Kräuter (bis auf den Rosmarin) klein schneiden. Anschließend die Spaghetti mit der Soße und den Kräutern in einer Schüssel vermengen.

4 Nun 5 Stücke Backpapier (30 x 50 cm) leicht einölen. Je eine Portion Spaghetti auf die untere Hälfte des Backpapiers geben. Kapern und klein geschnittene Oliven darauf verteilen und das Ganze mit einem Rosmarinzweig versehen. Dann die Päckchen zusammenfalten, verschließen (mit einem Küchenfaden umschließen oder einfach mit einer Briefklammer zusammenstecken) und im vorgeheizten Ofen bei 200 °C 15 Minuten backen.

5 Für die Saltimbocca die Pangasiusfilets jeweils auf der Seite, auf der zuvor die Fischhaut gewesen ist, leicht pfeffern. Darauf 1 bis 2 Salbeiblätter und 1 bis 2 Scheiben Schinken legen. Nun den Fisch so zusammenklappen, dass die beiden Enden aufeinanderliegen. Kurz vor dem Anbraten die Fischpäckchen noch von außen pfeffern und leicht salzen.

6 Dann etwas Olivenöl in einer großen Pfanne erhitzen und die Fischpäckchen bei mäßiger Hitze etwa 5 Minuten von jeder Seite goldbraun braten. Die Garzeit hängt von der Dicke des Päckchens ab. Anschließend das Ganze mit einem Schuss italienischem Wermut ablöschen und noch 1 bis 2 Minuten bei geschlossenem Deckel und abgeschalteter Herdplatte ziehen lassen.

7 Zum Schluss die Päckchen vorsichtig auf dem Teller auffalten, den Rand etwas kleiner schneiden und dekorativ anrichten. Das parallel zubereitete Saltimbocca obenauf anrichten und servieren.

Ein frischer Crémant d'Alsace könnte eine Alternative für alle sein, die keinen Espresso zum Dessert mögen.

Ingwer-Limetten-Parfait auf gebratener Ananas

Für das Ingwer-Limetten-Parfait

3 unbehandelte Limetten
2 Eier
2 Eigelbe
80 g Zucker
200 ml Sahne

Für die Sauce

20 g Ingwer
2 EL Honig
1 Ananas
20 g weiche Butter
5 Pimentkörner
2 EL brauner Rohrzucker
Kokoschips
einige Zweige Zitronen-melisse

1 Die Limetten heiß abspülen, mit einem Zestenreißer (siehe S. 8) die Schale in dünne Streifen schälen und klein schneiden. Aus den Limetten 9 EL Saft auspressen.

2 Über einem heißen Wasserbad die Eier und die Eigelbe mit dem Zucker schaumig rühren. In einem kalten Wasserbad rühren, bis sich die Masse wieder abgekühlt hat. Dann 6 EL Limettensaft und 2/3 der vorher geschnittenen Schale untermischen. Die Sahne steif schlagen und unterheben.

3 Nun das Ganze in eine Kastenform gießen und mindestens 8 Stunden gefrieren lassen. 20 Minuten vor dem Servieren in den Kühlschrank stellen.

4 Für die Sauce den Ingwer in sehr kleine Stücke schneiden, mit 3 EL Limettensaft und dem Honig verrühren.

5 Die Ananas in Scheiben schneiden und mit der Butter bestreichen. Die Pimentkörner im Mörser zerstoßen, mit dem braunen Zucker mischen und auf die Ananas streichen. Diese dann unter dem Grill ca. 5 Minuten anbräunen.

6 Das Parfait in Scheiben schneiden und zusammen mit der Ananas und der Sauce anrichten. Mit Kokoschips bestreut und mit Melisse dekoriert servieren.

»Parfait« bedeutet »vollkommen«.
Ein »Saltimbocca« ist, sehr poetisch, ein »Spring in den Mund«. Ein perfekter Gaumenhüpfer: mehr kann man beim besten Willen nicht verlangen!

Menü 2

Tatar vom Thunfisch und Lachs auf Rauke
Zitronenhuhn mit Pinienkernkruste und Salbeibutter-Pasta
Safrancreme mit Fruchtpüree

Das kann vorbereitet werden

Tatar hacken, mischen und kühl stellen. Die Rauke putzen. Pinienkernkruste mischen. Huhn würzen und in die Alufolientaschen packen. Safrancreme zubereiten und kalt stellen. Himbeerpüree vorbereiten.

Timing

Die Planung dieses Menüs ist vollkommen problemlos, denn es ist gut vorzubereiten und obendrein noch schnell und einfach umgesetzt. Ideal, wenn Sie einmal Gäste in der Woche empfangen und nicht viel Zeit für die Vorbereitung haben! Das Dessert sollte allerdings 6 Stunden vor dem Servieren kalt gestellt werden. Also rechtzeitig mit dem Mischen der Creme beginnen!

Das Tatar kann ein bis zwei Stunden vor dem Erscheinen der Gäste gehackt und gemischt werden und dann gekühlt darauf warten, serviert zu werden.

Auch die Zitronenhuhn-Päckchen können schon einmal geschnürt und die Pinienkernkruste gerührt werden. Dann, nach der Vorspeise, das Huhn mit der Kruste unter den Grill schieben und die Soße binden.

Nicht vergessen!

Die Stiele der Rauke großzügig abschneiden. Nichts ist unerfreulicher für Gäste, als schon bei der Vorspeise lange Stängel auf der Gabel balancieren zu müssen, ganz zu schweigen von der Schwierigkeit, die Salatblätter elegant in den Mund zu befördern.

Wenn's wirklich perfekt sein soll

Machen Sie doch Ihre Gemüsebrühe selbst. Die wird immer gebraucht und schmeckt viel besser als eine aus Instantpulver angerührte. Einfach einen großen Topf kochen und einfrieren!

2 EL Öl
150 g Zwiebeln
150 g Lauch
150 Möhren
4 Stangen Sellerie
100 g Fenchel
100 g Tomaten
2,5 l Wasser
1 Bund Kräuter (Bouquet garni)

Das Öl in einem Topf erhitzen, gewürfelte Zwiebeln und in Ringe geschnittenen Lauch darin bei geringer Hitze 5 Minuten weich dünsten. Das restliche Gemüse klein schneiden, zufügen und 10 Minuten dünsten. Dann das Wasser und das Bouquet garni in den Topf geben. Aufkochen und 20 Minuten köcheln lassen. Die fertige Brühe durch einen Durchschlag oder ein Sieb abseihen, um die festen Bestandteile von den flüssigen zu trennen, und abkühlen lassen.

Hierzu passt ein kräftiger, im Barrique ausgebauter Chardonnay.

Tatar vom Thunfisch und Lachs auf Rauke an Haselnussöl

Für das Thunfischtatar

250 g Tunfisch in Sushiqualität

2 EL Olivenöl

1 Schalotte

je 1 EL Estragon, glatte Petersilie, Schnittlauch

Saft von 1–1 1/2 unbehandelten Limonen

Schale von 1 Limone

Salz, Pfeffer

Für das Lachstatar

250 g Lachs in Sushiqualität

2 EL Olivenöl

1 Schalotte

je 1 EL Dill, Zitronenmelisse, Kerbel

Saft von 1–1 1/2 unbehandelten Zitronen

Schale von 1 Zitrone

Salz, Pfeffer

Für den Raukesalat

300 g Rauke

etwas Zucker

2-3 EL Haselnussöl

Salz, Pfeffer

weißer Balsamicoessig

Für die Dekoration

frischer Parmesan

Crème fraîche

Gurkenrelish (eine Würzsauce, die gut zu Fleisch oder Fisch passt)

1 Für das Thunfischtatar den Thunfisch klein hacken. Mit Öl, den gewürfelten Schalottenstückchen und den gehackten Kräutern vermengen. Anschließend den Limonensaft zufügen, die Limonenschale hineinreiben und das Ganze mit Salz und Pfeffer abschmecken. Dann bis zum Servieren kalt stellen.

2 Für das Lachstatar den Lachs klein hacken. Mit Öl, den gewürfelten Schalottenstückchen und gehackten Kräutern mischen. Anschließend den Zitronensaft zufügen, die Zitronenschale hineinreiben und das Ganze mit Salz und Pfeffer abschmecken. Bis zum Servieren kalt stellen.

3 Den Salat waschen, trocknen und leicht zuckern. Anschließend mit Haselnussöl beträufeln, salzen und pfeffern und mit dem weißen Balsamicoessig sowie Zucker abschmecken.

4 Zum Servieren den Salat auf Tellern anrichten. Das Lachs- und Thunfischtatar jeweils mit Hilfsmitteln (z.B. mit Hilfe eines Serviettenringes oder einer Kaffeetasse) zu kleinen Törtchen formen. Den Lachs mit Gurkenrelish, den Thunfisch mit Crème fraîche bestreichen und auf den Raukesalat setzen. Mit dünnen Parmesanscheiben verzieren.

Die Deutschen nennen es »Tatar«, denn bei uns wird das feine Hack dem Stamm der Tataren zugeschrieben, die das Fleisch angeblich unter ihren Sätteln weich ritten. Die Franzosen sagen lieber »Tartar« – nach dem Tartaros, der tiefsten Hölle der griechischen Sagenwelt. Als höllisch galt »Tartare«, weil er gegrillt wurde wie die armen Seelen in der Hölle. Wer Recht hat? Nun, da die Franzosen das Gericht erfunden haben … Schade!

Hierzu passt ein würziger Pinot Grigio.

Zitronenhuhn mit Pinienkernkruste und Salbeibutter-Pasta

Für das Zitronenhuhn
1 1/2 Zitronen
2 Zwiebeln
8-10 Knoblauchzehen
Alufolie
4 cl Sherry
1 EL Gemüsebrühe
5 Hähnchenbrustfilets
1/2 Bund Rauke
75 g fein geriebener Parmesan
Salz, Pfeffer
2 TL Honig
2 EL Öl
5 Scheiben hauchdünn geschnittener, fetter Speck
20 g Pinienkerne
200 ml Sahne

Für die Salbeibutter-Pasta
Pastasorte nach Geschmack
200 g Butter
ca. 20 frische Salbeiblätter

1 Zitronen schälen (weiße Haut mit entfernen) und in feine Scheiben schneiden. Zwiebeln und Knoblauch grob klein schneiden. Aus Alufolie eine Tasche, in der alle 5 Hähnchenbrustfilets später Platz finden, bilden. Dann in diese Tasche Zitronen, Zwiebeln, Knoblauch, Sherry und Gemüsebrühe hineinfüllen.

2 Die Hähnchenbrustfilets zum Füllen seitlich aufschneiden. Die Rauke putzen und klein schneiden, mit der Hälfte des Parmesans, Salz, Pfeffer, 1 TL Honig und 1 EL Öl zu einer Paste verrühren. Mit dieser Masse die Filets füllen, salzen und pfeffern und von der Oberseite mit dem fetten Speck belegen. Er soll verhindern, dass das Geflügel austrocknet, und wird später wieder entfernt.

3 Anschließend das Geflügel in die gefüllte Alufolientasche mit der Speckseite nach oben legen. Die Alufolientasche gut verschließen (am besten die Seiten ineinander falten) und für ca. 35 Minuten bei 170 °C in den Backofen geben.

4 Zwischenzeitlich die Pinienkerne klein hacken und mit 1 TL Honig, 1 EL Öl und dem restlichen Parmesan zu einer zähen Paste verrühren. Die gegarten Hähnchenbrustfilets aus der Alutasche nehmen und vom fetten Speck befreien. Danach mit der Pinienkernpaste bestreichen.

5 Den Sud aus der Folie durch ein Sieb in einen Topf geben, erhitzen, mit Sahne auffüllen und mit Salz und Pfeffer abschmecken.

6 Die Filets während der Nudelzubereitung noch einmal für ca. 6 bis 8 Minuten unter den Grill legen, bis die Kruste schön gebräunt ist.

7 Für die Salbeibutter-Pasta die Nudeln in Wasser geben und nach Packungsanweisung kochen. Zwischenzeitlich die Butter mit den Salbeiblättern und etwas Salz und Pfeffer in einen Topf geben und erhitzen. Nudeln abgießen und mit der Salbeibutter zurück in den Topf geben.

8 Zum Servieren die Filets zweimal seitlich anschneiden und mit der Pasta und der Sauce auf dem Teller anrichten.

Servieren Sie hierzu einen Rosé aus der Provence.

Safrancreme mit Fruchtpüree

Für die Safrancreme

8 Blatt weiße Gelatine
abgeriebene Schale einer Limette
2 EL Limettensaft
8 Eigelb
80 g Zucker
einige Fäden oder 4 Briefchen Safran (Menge nach Wunsch)
2 EL trockener Wermut
1 Päckchen Vanillezucker
1 Prise Salz
1/4 l Schlagsahne
2 Eiweiß

Für das Fruchtpüree

250 g tiefgekühlte oder frische Himbeeren
6 reife Kiwis
Zucker nach Belieben

1 Die Himbeeren auftauen lassen.

2 Die Gelatine in kaltem Wasser einweichen.

3 Limette heiß abspülen und die Schale abreiben, anschließend auspressen. Limettensaft und -schale, Eigelb, Zucker, Safranfäden, Wermut, Vanillezucker und Salz 8 bis 10 Minuten mit dem Elektromixer zu einer dicken Creme aufschlagen. Gelatine bei milder Hitze in einem Topf auflösen und nach und nach unter die Ei-Creme rühren.

4 Danach Sahne und Eiweiß getrennt steif schlagen. Zuerst die Sahne und anschließend den Eischnee vorsichtig unter die Ei-Creme heben.

6 Creme in kleine, kalt ausgespülte Förmchen füllen und zugedeckt mindestens 6 Stunden kalt stellen.

7 Für das Himbeerpüree die Himbeeren pürieren und durch ein Sieb streichen. Nach Geschmack mit Zucker süßen.

8 Für das Kiwipüree die Kiwis schälen, grob zerkleinern und mit dem Mixer pürieren. Nach Geschmack mit Zucker süßen.

9 Die kalte Safrancreme zusammen mit den beiden Fruchtpürees auf einem Teller anrichten.

Menü 3

Fischsuppe mit Rouille
Lammrücken mit Kräutern, Rucola-Möhren und Sesamkartoffeln
Orangenparfait mit Schokoladentrüffeln

Das kann vorbereitet werden

Tomaten häuten und entkernen. Fisch putzen und in Stücke schneiden. Lammrücken am Vortag marinieren. Kartoffeln kochen. Möhren schälen und zurechtschneiden. Parfait am Vortag zubereiten und kalt stellen. Trüffel herstellen.

Timing

Vor diesem Menü brauchen Sie keine Angst zu haben! Es sieht auf den ersten Blick aufwändig aus. Aber der zweite Blick zählt, und der zeigt, dass es den Gastgeber vor keine größeren Probleme stellt.

Der Lammrücken muss bereits am Vortag eingelegt werden und dann über Nacht im Kühlschrank ziehen. Das Orangenparfait muss sogar 24 Stunden vor dem Servieren eingefroren werden.

Die Rouille (eine mayonnaiseähnliche Sauce) für die Vorspeise kann schon am Nachmittag gerührt werden. Die Schokoladentrüffel können Sie ebenfalls vorbereiten.

Die Zutaten für die Fischsuppe sollten schon vor dem Eintreffen der Gäste bereitstehen. Da Sie bei der Suppe mit ca. 30 Minuten Garzeit rechnen können, beginnen Sie vor dem Begrüßungstrunk mit dem Köcheln des Suds.

Für das Braten des Lamms sollten Sie ca. 50 Minuten rechnen. Schieben Sie es also am bestens nach dem Aperitif in den vorgeheizten Ofen. Anschließend sollte das Fleisch noch einmal mindestens 10 Minuten in Alufolie gewickelt ruhen. In dieser Zeit können Sie die Sauce machen, die Möhren garen und die Sesamkartoffeln rösten. Auch wenn es viele Arbeitsschritte auf einmal sind, nur die Ruhe bewahren. Bei Lammrücken kann kaum etwas schiefgehen!

Nicht vergessen!

Den Rotwein zum Hauptgang rechtzeitig öffnen, damit er atmen kann. Auch wenn Sie nicht dekantieren, also den Wein in eine Karaffe umfüllen, möchten.

So geht's

Wenn Sie Sauce mit Butter binden, sollten Sie immer eiskalte Butterstückchen verwenden und diese dann – ganz wichtig! – einschwenken. Das bedeutet, sie werden nicht eingerührt, sondern mit kreisenden Bewegungen der Pfanne oder des Topfes unter die Flüssigkeit gezogen. Es darf nichts mehr kochen! Die Sauce muss dann sofort auf die angewärmten Teller gegeben werden, da die Butterbindung nicht lange hält.

Wenn's wirklich perfekt sein soll

Vorsicht beim Garen der Möhren, damit das Gemüse nicht zu weich wird. Lieber einmal zu oft kontrollieren, denn es wäre schade, wenn sie ihre Bissigkeit verlieren.

Servieren Sie hierzu einen Sauvignon Blanc, zum Beispiel aus Baden oder Rheinhessen. Aber auch die Weine aus Österreich (Burgenland) passen hervorragend zu dieser Vorspeise!

Fischsuppe mit Rouille

Für die Fischsuppe

2 Zwiebeln
4 Knoblauchzehen
1 Bund Suppengrün
2 Fleischtomaten
2 EL Olivenöl
Salz, Pfeffer
ca. 20 Fäden Safran
1 TL Thymian
1 TL Rosmarin
abgeriebene Schale von 1 Zitrone
400 ml Fischfond
1/4 l trockener Weißwein
500 g Fischfilet (kein Süßwasserfisch), z.B. Rotbarbe, Meeräsche, Lachs, Gambas, Knurrhahn
gehackte Petersilie

Für die Rouille

1 rote Paprikaschote
Knoblauch nach Geschmack
1 kleine gekochte Kartoffel
2 Eigelb
1 EL Dijon-Senf
200 ml Olivenöl
Salz, Pfeffer
1 TL Fischfond

1 Baguettebrot
geriebener Käse, z.B. Comté

1 Zwiebeln und Knoblauch schälen und hacken. Suppengrün putzen und zerkleinern, Tomaten enthäuten und ohne Kerne würfeln.

2 Olivenöl erhitzen, Zwiebeln, Knoblauch und Suppengrün darin anschwitzen. Dann Tomaten, Salz, Pfeffer, ca. 20 Fäden Safran, gehackten Thymian und Rosmarin nach Geschmack und die Zitronenschale zufügen. Anschließend mit Fischfond und Wein aufgießen. Danach 20 Minuten bei mittlerer Hitze köcheln lassen.

3 Zum Schluss die Fische würfeln, salzen, pfeffern und mit gehackter Petersilie in die Suppe geben. Bei schwacher Hitze garen lassen.

4 Für die Rouille Paprika schälen und pürieren, Knoblauch und die gekochte Kartoffel zerkleinern. Die Eigelb und den Senf separat zu einer cremigen Masse rühren und langsam das Öl darunterschlagen. Mit Salz und Pfeffer abschmecken. Dann die Paprika-Knoblauch-Kartoffel-Masse zugeben. Das Ganze mit 1 TL Fischfond verfeinern.

5 Geröstete Baguettescheiben mit der Rouille bestreichen, mit geriebenem Käse bestreuen und in der Suppe schwimmen lassen.

Servieren Sie hierzu einen kräftigen Barolo oder einen Nero d'Avola aus Sizilien.

Lammrücken mit Kräutern, Rucola-Möhren und Sesamkartoffeln

Für den Lammrücken

1 Lammrücken (ca. 2,5 kg, enthäutet)
1 EL schwarze Pfefferkörner
10 Wacholderbeeren
5 Pimentkörner
1 EL Korianderkörner
2 Lorbeerblätter
1 Bund Thymian
2 EL Rosmarinnadeln
4 Salbeiblätter
1 EL Senf
4 EL Olivenöl
Alufolie
2 Zwiebeln
1/4 l Rotwein
1/8 l Wasser
200 ml Schlagsahne
evtl. 1 kleines Schnapsglas (2 cl) Brandy
etwas Lammfond
ca. 20 g eiskalte Butter zum Binden der Soße

Für die Sesamkartoffeln

ca. 10 kleine Kartoffeln mit Schale
3 EL Olivenöl
1 EL Butter
3 EL Sesam
Salz, Pfeffer

Für die Rucola-Möhren

ca. 15 kleine Möhren
2 Stangen Staudensellerie
1 Zwiebel, in kleine Stücke geschnitten
2 EL Olivenöl
1 EL Zucker
Salz, Pfeffer
75 ml Weißwein
50 ml Wasser
50 g Rucola

1 Für den Lammrücken am Vortag Pfeffer, Wacholderbeeren, Piment- und Korianderkörner sowie die Lorbeerblätter im Mörser fein zerstoßen. Thymian, Rosmarin und Salbei sehr fein hacken.

2 Den Lammrücken links und rechts vom Mittelknochen ca. 2 cm tief einschneiden. Alle Gewürze und Kräuter mit dem Senf und dem Öl verrühren. Die obere Seite des Fleisches damit einstreichen, in Alufolie wickeln und über Nacht in den Kühlschrank legen.

3 Vor dem Braten den Lammrücken aus der Folie wickeln. Die Zwiebeln schälen, vierteln und mit dem Fleisch in die Fettpfanne legen. Anschließend im vorgeheizten Ofen bei 225 °C insgesamt 50 Minuten braten. Nach ca. 15 Minuten den Rotwein dazugießen. Das Fleisch nach Ende der Garzeit zum Ruhen in Alufolie wickeln.

4 Den Bratensaft passieren. Die Röststoffe auf der Fettpfanne mit 1/8 l Wasser und einem Pinsel lösen und mit der Sahne zum Bratensaft geben. Aufkochen lassen und Brandy und etwas Lammfond zugießen. Mit Butter binden. Das Fleisch vom Knochen lösen, in Scheiben schneiden und mit der Sauce servieren.

5 Für die Sesamkartoffeln die Kartoffeln waschen, gar kochen (Achtung: nicht zu weich werden lassen!), abkühlen lassen und längs zerteilen. Nun in einer Pfanne mit Öl und Butter bei niedriger Temperatur brutzeln lassen. Zum Schluss den Sesam dazugeben. Mit Salz und Pfeffer würzen.

6 Für die Rucola-Möhren die Möhren schälen, halbieren und die Stielansätze schräg abschneiden. Sellerie putzen und in dünne Scheiben schneiden, Zwiebeln schälen und würfeln. Möhren mit Sellerie und Zwiebeln in einem Topf mit dem Olivenöl kurz erhitzen. Anschließend mit Zucker, Salz und Pfeffer würzen. Mit dem Wein und 50 ml Wasser auffüllen und im geschlossenen Topf ca. 10 Minuten dünsten. Offen so lange weitergaren, bis die Flüssigkeit fast eingekocht ist. Zum Schluss den zerpflückten Rucola untermischen und abschmecken.

Man kann es nicht oft genug wiederholen. Rucola hat auch einen alten deutschen Namen: Rauke. Den Römern galt die Rauke als Aphrodisiakum, aber das ist nun wieder ein ganz anderes Thema.

Servieren Sie zu diesem Dessert den Wein der Hauptspeise.

Orangenparfait mit Schokoladentrüffeln

Für das Orangenparfait

3 Eigelb

100 g Zucker

6 EL frisch gepresster Orangensaft (3-4 Orangen)

1,5 EL Orangenlikör

200 ml süße Sahne

1 Orange

Für die Schokoladentrüffel (ca. 38 Stück)

125 ml Crème double

200 g Bitterschokolade

70 g Orangen-Bitterschokolade

50 g Butter

2 TL Orangenlikör

echtes/bitteres Kakaopulver

1 Für das Orangenparfait die Eigelb mit dem Zucker schaumig rühren. Anschließend den frisch gepressten Orangensaft und den Orangenlikör dazugeben. Zum Schluss die Sahne steif schlagen und unterheben. Die Masse in kleine Förmchen füllen und für 24 Stunden einfrieren.

2 Für die Schokoladentrüffel die Crème double in einem kleinen Topf zum Kochen bringen. Bitter- und Orangen-Bitterschokolade zerbröseln und so lange einrühren, bis sie vollständig geschmolzen ist. Nun die Butter zugeben und unter Rühren schmelzen. Anschließend den Likör unterrühren. Danach das Ganze kalt stellen, bis die Masse so fest ist, dass man sie rollen kann.

3 Die Trüffelmasse nun esslöffelweise zügig zu Kugeln formen. Dann wieder kalt stellen, bis sie fest sind. Zum Schluss die Kugeln in bitterem Kakaopulver rollen und zimmerwarm zum Parfait servieren. Mit Orangenscheiben anrichten.

Menü 4

Gebratener grüner Spargel mit Lauchzwiebeln, Serranoschinken und frischem Parmesan

Kaninchenrücken-Filet mit Salbei an Linsen und Trüffelpüree

Limetten-Maracuja-Tarte

Das kann vorbereitet werden

Spargel schälen. Sauce vorbereiten und köcheln lassen. Linsen einweichen. Kartoffeln schälen. Tarte backen.

Timing

Vorspeise und Nachspeise dieses Menüs sind unkompliziert. Die Tarte sollte am Vormittag gebacken und dann kühl gestellt werden. Die Vorspeise dagegen muss frisch auf den Tisch, aber alle Zutaten sind schnell in der Pfanne und auf dem Teller. Ihre Gäste müssen also nicht lange warten.

Falls Sie wenig Zeit für die Vorbereitung haben, kann die Sauce für das Kaninchen schon am Vortag zubereitet und kühl gestellt werden. Am Abend wird sie kurz aufgekocht, passiert und gebunden.

Die Zubereitung der verschiedenen Elemente des Hauptgangs muss gut abgestimmt werden. Achten Sie daher unbedingt auf die verschiedenen Garzeiten! Die Sauce für den Hauptgang zum Beispiel muss 1 Stunde köcheln, daran sollten Sie also denken. Ebenso wollen die Linsen und die Kartoffeln auf den Punkt gegart sein (Vorsicht, Linsen können heikel sein, wenn man den richtigen Moment verpasst, sind sie schnell zu weich!) und dann heiß neben dem Kaninchen serviert werden.

Nicht vergessen!

Wenn möglich einen Bunsenbrenner besorgen, um der Tarte vor dem Servieren noch ordentlich einzuheizen!

So geht's

Kaninchenfleisch verlangt nach guter Würze, sonst schmeckt es leicht fad. Aber Würze bekommt es ja bei diesem Gericht. Wichtig ist, dass Sie das Fleisch tatsächlich nur sehr kurz in der Pfanne halten, denn der optimale Garpunkt ist schnell überschritten. Wenn Sie ganz sichergehen wollen, legen Sie noch ein Filet mehr in die Pfanne, an dem Sie in aller Seelenruhe testen können, wann es durch ist.

Frischen Spargel wickeln Sie am besten in ein feuchtes Küchentuch und lagern ihn im Kühlschrank. Dort kann er es problemlos zwei bis drei Tage aushalten. Auch wenn man ihn für ein perfektes Dinner besser frisch gestochen zubereitet ...

Wenn's wirklich perfekt sein soll

Trüffel mögen es gar nicht, wenn ihnen warm wird. Optimal ist eine Lagerung bei 1-2°C, was in den meisten Kühlschränken, die in deutschen Haushalten zu finden sind, schwer zu erreichen ist. Aber auch bei 5-7° C ist es möglich, frische Trüffel längere Zeit zu lagern. Wickeln Sie die kostbaren Knollen erst in Küchenpapier und dann in Alufolie. Wechseln Sie täglich das Küchenpapier, so bleiben die Trüffel lange frisch und aromatisch.

Hierzu passt ein Pinot Gris aus dem Elsaß.

Gebratener grüner Spargel mit Lauchzwiebeln, Serranoschinken und frischem Parmesan

pro Person 6-7 Stangen grüner Spargel (ca. 1,5 kg)

Olivenöl

etwas Puderzucker zum Bestäuben

5 Lauchzwiebeln, in Ringe geschnitten

Butter

Salz

Pfeffer

10 Scheiben Serranoschinken

1 Stück frischer Parmesan

Petersilie

1 Den grünen Spargel waschen und am Fuß, dort wo er holzig ist, schälen und mit Olivenöl in der Pfanne von allen Seiten anbraten. Dabei den Spargel, kurz nachdem er in der Pfanne ist, mit etwas Puderzucker bestäuben.

2 Die Lauchzwiebeln putzen, in kleine Ringe schneiden und mit der Butter zu dem Spargel geben, dann leicht bräunen lassen. Das Ganze mit Salz und Pfeffer abschmecken.

3 Jeweils 2 Scheiben dünn geschnittenen Serranoschinken auf dem Teller anrichten, die Spargelstangen mit den Lauchzwiebeln drapieren und etwas frisch gehobelten Parmesan sowie Petersilie über den Spargel geben.

Probieren Sie hierzu einen Grauburgunder oder einen leichten Rotwein, wie zum Beispiel einen Beaujolais.

Kaninchenrücken-Filet mit Salbei an Linsen und Trüffelpüree

Für den Kaninchenrücken

8 Kaninchenrücken
Olivenöl
Salz, Pfeffer
4 Zwiebeln
8 Möhren
1 Stange Staudensellerie
1/2 Sellerieknolle
4 Lorbeerblätter
3 Petersilienwurzeln
5 Knoblauchzehen
1 Bund Salbei
3 EL Orangensenf
2 x 1/4 l trockener Weißwein
600 ml Kalbsfond
ca. 100 g Butter
300 g kleine italienische Linsen
1/2 Bund Petersilie

Für das Trüffelpüree

1,5 kg Kartoffeln
Salz
ca. 1/4 l Milch
2 EL Butter
2 EL Trüffelbutter
Muskat
1 frische schwarze Trüffel, ca. 30 g

Für die Dekoration

Salbeiblätter
Mehl
Ei
ein wenig Prosecco
Olivenöl

1 Die Kaninchenfilets aus dem Rücken lösen und parieren (siehe S. 70). Die Reste für die Zubereitung der Sauce beiseite legen.

2 Für die Sauce die Knochen und die Fleischreste im Öl stark anbraten, salzen und pfeffern. Nun das Gemüse (2 Zwiebeln, 4 Möhren, 1/2 Staudenselleriestange, 1/4 Sellerieknolle, 2 Lorbeerblätter, 2 Petersilienwurzeln, 3 Knoblauchzehen und 5 Blätter Salbei) putzen, in Würfel schneiden und mit anbraten. 3 EL Orangensenf zufügen.

3 Wenn alles viel Farbe angenommen hat, 1/4 l Weißwein und den kompletten Kalbsfond zugießen und auf kleiner Flamme ca. 1 Stunde köcheln lassen. Anschließend Fleischreste und Knochen herausnehmen und entsorgen. Zum Schluss das Ganze durch ein Sieb passieren und mit etwas Butter (ca. 20 g) binden.

4 Die Linsen 30 Minuten einweichen lassen. Dann in reichlich Salzwasser gar kochen und abgießen. 2 Zwiebeln, 4 Möhren, 1/2 Staudenselleriestange, 1/4 Sellerieknolle, 1 Petersilienwurzel und 2 Knoblauchzehen putzen und in feine Stückchen schneiden. In einer Pfanne mit Butter und Olivenöl dünsten.

5 Nun 2 Lorbeerblätter, 1/2 Bund gewaschene und gehackte Petersilie und 6 Blätter klein gehackten Salbei hinzufügen. Anschließend das Ganze salzen und pfeffern, 1/4 l Weißwein sowie 2-3 Kellen der zuvor zubereiteten Sauce zugeben und alles ca. 10 Minuten köcheln lassen (das Gemüse muss aber noch bissfest sein). Zum Schluss die Linsen unterheben und mit etwas Butter binden.

6 Die Kaninchenfilets leicht salzen und pfeffern. Dann 6 Salbeiblätter grob hacken. Restliche Butter in einer Pfanne erhitzen und das Fleisch hineinlegen. Anschließend die Salbeiblätter dazugeben, alles wenden und dabei mit der heißen Butter übergießen. Nach ca. 3 bis 4 Minuten ist das Fleisch fertig (pro Person 3 Stücke Fleisch).

7 Für das Trüffelpüree die Kartoffeln schälen, in Salzwasser kochen und danach abgießen. Dann zusammen mit heißer Milch, Butter und etwas Trüffelbutter stampfen und mit Muskat würzen. Zum Servieren die frische schwarze Trüffel darüberhobeln.

Servieren Sie zu diesem Dessert einen trockenen Sekt.

Limetten-Maracuja-Tarte

Für den Tarte-Boden

300 g Mehl, gesiebt

140 g Puderzucker, gesiebt

1/4 TL Salz

150 g Butter in kleinen Stückchen, gekühlt

1-2 Eier, je nach Größe

2-3 EL Eiswasser

Backpapier

Frischhaltefolie

getrocknete Bohnen oder Linsen

etwas Mehl

Für die Füllung

5 frische Maracujas

100 ml Maracujasaft (natur und eingedickt, gibt es im Feinkosthandel)

125 g Puderzucker

2 EL Limettensaft

1/4 l Sahne

2 Eier

2 Eigelb

etwas Zucker

1 Für den Tarte-Boden Mehl, Puderzucker, Salz, Butterwürfelchen und 1 bis 2 Eier in die Küchenmaschine geben oder mixen. Durch vorsichtige Zugabe von Eiswasser zu einem krümeligen Teig verarbeiten. Der Teig darf in der Maschine keine Kugel formen.

2 Auf der Arbeitsplatte die Krümel zu einer Kugel kneten, in Frischhaltefolie einwickeln und mindestens 1 Stunde kühlen. Danach aus dem Kühlschrank holen, auf einer bemehlten Arbeitsfläche vorsichtig rund auf 2 mm Stärke ausrollen und in eine flache Tarte-Form geben. Überhängenden Teig vorsichtig abschneiden.

3 Den Boden mehrmals mit einer Gabel einstechen, damit er im Ofen nicht aufgeht. Auf den Teig Backpapier legen und mit getrockneten Linsen oder Bohnen füllen (damit der Teig nicht aufquillt). Dann auf 180 °C ca. 8 Minuten blindbacken, d.h. der Teig wird erst nicht mit der eigentlichen, sondern mit einer Ersatzfüllung gebacken.

4 Die Form herausnehmen, Bohnen und Backpapier entfernen und noch einmal 10 Minuten weiterbacken. Den Boden in der Form abkühlen lassen.

5 Für die Füllung Maracujas aufschneiden und das Fruchtfleisch auslösen. Mit dem Maracuja- und dem Limettensaft und dem Puderzucker mischen und mit dem Handmixer rühren, bis sich der Zucker aufgelöst hat. Anschließend Sahne, Eier und Eigelb zufügen und alles aufschlagen.

6 Die Masse in die abgekühlte Tarte-Form füllen und 30-40 Minuten bei 180 °C backen, bis die Masse fest wird. Dann mindestens 3 Stunden kühl stellen.

7 Man kann die Tarte vor dem Servieren mit Zucker bestreuen und mit dem Bunsenbrenner karamellisieren lassen.

Falls noch Limetten übrig sind, können Sie Ihre Gäste mit einem Caipirinha verwöhnen und sie dabei darüber aufklären, dass »Caipira« der brasilianische Fachbegriff für Hinterwäldler ist.

Kochen Sie sich einen Stern: Gourmet-Menüs

Es gibt Gerichte, denen man anmerkt, dass sie mit Ehrgeiz hergestellt wurden. Dass sie von Menschen verspeist werden wollen, die schon oft genug teuer essen waren, um zu wissen, was man als Gourmet erwarten darf. Solche Gerichte sind natürlich nicht ohne Risiko. Denn nur wenige Dinge auf dieser Welt sind so daneben wie ein daneben gegangenes Gourmet-Gericht. Aber keine Sorge: wenn Sie sich an die Rezepte in diesem Kapitel halten, werden sich Ihre Gäste ehrfurchtsvoll verneigen und danach versuchen, Ihnen dieses Buch zu klauen. Also: greifen Sie nach den Sternen!

Menü 1

Perlhuhnsalat mit Walnüssen

Zander mit Sesam-Nuss-Kruste, Orangenwirsing und zweierlei Püree

Whiskeycreme-Törtchen mit Schoko-Chili- Sauce

Menü 2

Rote Gnocchi in Schalottensauce

Florentiner Schweinebraten im Pancettamantel mit Ofenkartoffeln

Mandelhörnchen mit Ricottacremefüllung an Himbeeren und süßem Pesto

Menü 3

Apfel-Pastinaken-Suppe

Wildhasenfilet in Blätterteig auf Lebkuchensauce

Schokoladenmousse mit Olivenöl und Rosmarin-Orangen-Sauce

Menü 4

Jakobsmuscheln in Ingwer-Orangen-Schaum mit geröstetem Weißbrot

Lammkarree unter der Haube mit Parmesankartoffeln

Warme französische Lagerbirne an kühler Vanillecreme

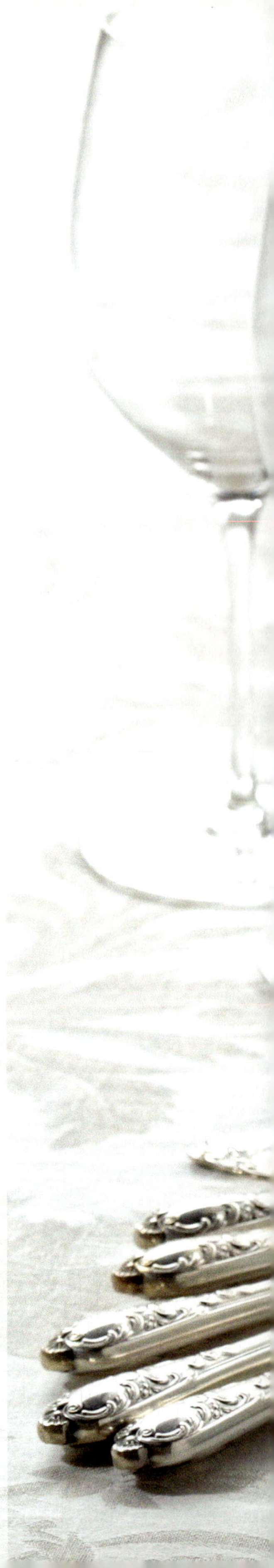

Menü 1

Perlhuhnsalat mit Walnüssen
Zander mit Sesam-Nuss-Kruste, Orangenwirsing und zweierlei Püree
Whiskeycreme-Törtchen mit Schoko-Chili- Sauce

Das kann vorbereitet werden

Den Perlhuhnsalat zubereiten und kalt stellen. Erst kurz vor dem Servieren anrichten. Das Gemüse schälen, grob würfeln und im gesalzenen Wasser bis zum Garen stehen lassen. Biskuitböden schon am Vortag backen. Krokant schmelzen und abkühlen lassen.

Timing

Dies ist nicht nur ein köstliches Menü, sondern auch eins, das sehr gut vorzubereiten ist. Genau richtig für die Feinschmecker unter uns, die sich gerne ausgiebig ihren Gästen widmen wollen.

Der Perlhuhnsalat sollte gut durchziehen, also spätestens am Nachmittag vor dem eigentlichen Dinner vorbereitet werden.

Für das Cremetörtchen sollten Sie einige Zeit einplanen. Die Biskuitböden müssen am Vortag gebacken werden. Am Tag des Dinners sollen die kleinen Leckerbissen geschichtet und dekoriert werden, das verlangt ein wenig Geduld und Fingerspitzengefühl. Aber es lohnt sich!

So geht's

Den Wirsing nicht zu lange kochen, er schmeckt am besten, wenn er noch knackig ist.

Nicht vergessen!

Das Gemüse für die Pürees rechtzeitig garen! Kartoffeln und Sellerie brauchen ca. 20 Minuten, bis sie gar sind.

Für das Püree nur mehlig kochende Kartoffeln nehmen. Festkochende lassen sich schwer zu einer homogenen Masse verarbeiten.

Machen Sie beim Fisch den Frischetest im Laden, auch wenn Ihr Händler Sie schief anschauen sollte. Drücken Sie mit dem Daumen leicht auf die Haut des Fisches. Bleibt der Daumen sichtbar, ist das gute Stück nicht mehr ganz taufrisch! Bei frischem Fisch verschwindet der Abdruck sofort. Und immer wieder gilt: Frischer Fisch riecht nicht nach Fisch!

Wenn's wirklich perfekt sein soll

Kaufen Sie den Fisch am besten am Morgen des Dinners. Wenn Sie vermeiden wollen, anstatt Zander eine Rindsroulade in Sesam-Nuss-Kruste anbieten zu müssen, dann bestellen Sie bei ihrem Fischhändler den Zander in ausreichender Menge vor. Dann kann nichts mehr schiefgehen.

Probieren Sie einmal Selleriepüree mit Pastinaken. Das schmeckt nicht nur zu Zander, sondern auch zu kräftigen Fleischgerichten wie Rinderbraten oder Wild.

Biskuitteig wird heiß gebacken. Durch die hohe Temperatur bleibt der Teig schön saftig und trocknet nicht aus. Achten Sie also darauf, dass Ihr Ofen auch wirklich auf 210°C eingestellt ist!

Zu diesem kräftigen Geflügelsalat passt ein vollmundiger, aber frischer Grauburgunder.

Perlhuhnsalat mit Walnüssen

3 Perlhühner
2,5 l Brühe
3-4 Stangen Sellerie
frische Kräuter nach Wunsch (z.B. Rosmarin, Basilikum, Zitronenmelisse)
Salz, Pfeffer
3 EL Olivenöl
1 EL Sahne
200 g Walnüsse

1 Die Perlhühner in der Brühe wie ein Suppenhuhn ca. 30 Minuten bei niedriger Hitze köcheln lassen. Anschließend vom Knochen lösen und klein schneiden. Den Sellerie putzen, das Grün entfernen, die harten Enden abschneiden, klein schneiden und zum Perlhuhn geben.

2 Danach die frischen Kräuter waschen, trocken tupfen, zufügen, salzen, pfeffern und mit Olivenöl und etwas Sahne abschmecken.

3 Zum Schluss die Walnüsse dazugeben und das Ganze mindestens 3 Stunden durchziehen lassen.

Ein leichter Riesling Kabinett unterstreicht dieses kräftige Fischgericht aufs Beste.

Zander mit Sesam-Nuss-Kruste, Orangenwirsing und zweierlei Püree

Für das Selleriepüree

2 Sellerieknollen (ca. 900 g)
250 ml Hühnerbrühe
Salz, Pfeffer
Muskat
50 ml Sahne
50 g Butter

Für das Kartoffelpüree

1,5 kg mehlig kochende Kartoffeln
Olivenöl nach Geschmack
Salz, Pfeffer
Muskat

Für den Orangenwirsing

1 Wirsing
Öl
Butter
2 EL Hühnerfond
Salz, Pfeffer
1 Chilischote
1 Prise Zucker
Muskat
2-3 EL Sahne
1 unbehandelte Orange

Für den Zander mit Sesam-Nuss-Kruste

je 2 Mandeln, Haselnüsse und Walnüsse
2 EL Koriandersamen
2 EL Sesamsaat
1/2 EL Pfefferkörner
1,2 kg Zanderfilet
Mehl
Milch

1 Für die Pürees das jeweilige Gemüse schälen und grob würfeln. Den Sellerie mit Pfeffer, Salz und Muskat würzen und in einem Topf zusammen mit der Hühnerbrühe ca. 20 Minuten einkochen. Dann das Selleriegemisch unter Zugabe von Sahne und Butter pürieren. Die Kartoffeln in gesalzenem Wasser ca. 20 Minuten gar kochen, dann das Wasser abgießen, Olivenöl, Salz, Pfeffer und Muskat nach Geschmack zugeben und mit einem Kartoffelstampfer zu einer homogenen Masse verarbeiten.

2 Den Wirsing putzen und in Streifen schneiden, mit Öl und Butter in einem großen Topf anbraten und nach ca. 5 Minuten etwas Hühnerfond zugießen. Salzen und pfeffern, eine Chilischote und eine Prise Zucker sowie Muskat dazugeben. Orange heiß abspülen und mit einem Zestenreißer (siehe S. 8) Stücke aus der Schale lösen. Nach ca. 5 Minuten etwas Sahne und die Orangenzesten zum Wirsing zufügen. Nochmals ca. 5 Minuten köcheln lassen.

3 Für die Zanderfilets die Mandeln, Nüsse, Samen und Pfefferkörner in einer Pfanne anrösten und anschließend in einem Mörser zerstoßen.

Dann die Zanderfilets in gleichmäßige Scheiben schneiden, auf der Hautseite mit Mehl bestäuben, dann erst in die Milch tunken und anschließend in der Nussmischung wälzen. Auf der Hautseite anbraten und zum Schluss für etwa 6 bis 8 Minuten bei 160 °C in den Backofen geben.

4 Zum Servieren den Wirsing auf die Teller geben und die Zanderfilets darauf anrichten. Links und rechts die Pürees drapieren.

Reichen Sie zu dieser feinen Nachspeise einen Espresso.

Whiskeycreme-Törtchen mit Schoko-Chili-Sauce

Für den Biskuitboden

4 Eiweiß
100 g feiner Zucker
4 Eigelb
80 g Mehl
80 g Stärkemehl
150 g Zartbitterkuvertüre
20 g Kakaopulver

Für die Creme

230 g Butter
125 g Kakaopulver
1 Prise Salz
200 g Puderzucker
150 ml Schlagsahne
Sahnesteif
50 ml Original Irish Cream
Dunkles Kakaopulver zum Bestäuben

Für die Schoko-Chili-Sauce

150 g Zartbitterkuvertüre
1 EL Wasser
ein bisschen Chilipulver

Für die Törtchendekoration

200 g brauner Zucker
Pergamentpapier
Himbeeren
frische Chilischoten
Schoko-Chili-Pralinen vom Feinkostladen

1 Den Biskuitboden am Vortag backen!

Dafür das Eiweiß steif schlagen, dann den Zucker zugeben und so lange schlagen, bis sich der Zucker aufgelöst hat. Eigelb vorsichtig unterziehen, dann das mit Stärke vermischte Mehl darübersieben und ebenfalls mit dem Schneebesen unterheben. Währenddessen die Zartbitterkuvertüre im Wasserbad schmelzen lassen. Das Kakaopulver und die geschmolzene Kuvertüre unter die Masse heben. In eine gebutterte Springform streichen und bei 210 °C ca. 30 bis 35 Minuten backen. Kuchen auskühlen lassen und zweimal durchschneiden, sodass 3 Böden entstehen.

2 Für die Creme die Butter in eine Schüssel geben und schlagen, bis sie schaumig ist. Nach und nach Kakaopulver, Salz und Puderzucker dazugeben. Die Sahne mit dem Sahnesteif schlagen und mit der Irish Cream unter die Buttermasse rühren.

3 Von der Creme etwa ein Viertel zum Bestreichen/Verzieren der Törtchen aufheben. Die 3 Böden mit der Creme bestreichen, diese dann aufeinandersetzen und daraus runde Törtchen ausstechen (Förmchen gibt es im Fachgeschäft). Diese Törtchen zum Schluss noch von außen mit der restlichen Crememasse bestreichen und mit Kakaopulver von allen Seiten bestreuen.

4 Für die Schoko-Chili-Sauce die Zartbitterkuvertüre im Wasserbad schmelzen lassen, mit dem Wasser verrühren und mit dem Chilipulver abschmecken.

5 Für die Krokant-Verzierung den Zucker in einer Pfanne schmelzen, die Masse auf Pergamentpapier streichen (Fäden ziehen lassen) und trocknen lassen. Danach den Krokant vom Papier lösen, in Stücke teilen und oben auf den Törtchen drapieren.

6 Die Törtchen mit Himbeeren, frischen Chilischoten und Schoko-Chili-Pralinen dekorieren.

Das schöne Wort »Whiskey« stammt vom irischen »Uisce beatha« ab und bedeutet »Lebenswasser«. Darauf sollte man gleich mal anstoßen, am besten mit der Whiskey-Torte!

Menü 2

Rote Gnocchi in Schalottensauce
Florentiner Schweinebraten im Pancettamantel mit Ofenkartoffeln
Mandelhörnchen mit Ricottacremefüllung an Himbeeren und süßem Pesto

Das kann vorbereitet werden

Gnocchi-Teig zubereiten und rollen. Schalotten einkochen. Schweinebraten einlegen. Zwiebeln köcheln lassen. Ricottafüllung rühren und kalt stellen. Süßes Pesto vorbereiten.

Timing

Dieses Menü will geplant sein. Das müssen wir zugeben. Aber ihre Mühe wird belohnt!

Der Gnocchi-Teig der Vorspeise sollte mindestens 20 Minuten ruhen, bevor Sie ihn kurz vor dem Servieren garen. Vorher allerdings gilt es, die Kartoffeln zu kochen, zu pressen und ausdampfen zu lassen. Dann wollen sie zu einem Teig verrührt und zu Rollen gerollt werden. Planen Sie hierfür also ruhig 2 Stunden ein.

Der Schweinebraten benötigt ebenfalls 2 Stunden, um in seiner Marinade zu ruhen, bevor Sie ihn für 1 1/2 Stunden in den Ofen schieben. Wenn Ihre Gäste also um 20 Uhr hungrig vor der Tür stehen, sollte der Braten um 17.30 Uhr in seiner Marinade liegen.

Nicht vergessen!

Über den Marinaden und Confits daran denken, die Mandelhörnchen zu backen und auskühlen zu lassen sowie die Füllung herzustellen.

Auch das Confit von roten Zwiebeln, eine eingekochte würzige Beilage, will längere Zeit köcheln, nämlich 1 1/2 bis 2 Stunden.

Die Ricottafüllung der Nachspeise muss mindestens 2 Stunden im Kühlschrank ziehen, bevor sie in die Mandelhörnchen gefüllt wird.

Der Nachmittag wird also arbeitsreich sein, denn Sie müssen mit der Zubereitung aller Gänge spätestens zwei Stunden vor Eintreffen der Gäste beginnen. Am besten starten Sie mit dem Schweinebraten (denn das Fleisch genießt die Marinade auch gerne ein bisschen länger...), nehmen dann das Zwiebelconfit in Angriff (das kann auch noch einmal kurz vor dem Servieren aufgewärmt werden), gehen dann zum Gnocchi-Teig über und rühren kurz vor dem Eintreffen der Gäste die Ricottafüllung.

So geht's

Der Schweinebraten muss fest gebunden werden. Damit Sie den Braten hinterher in schöne Scheiben aufschneiden können, muss das Fleisch beim Garen seine Form behalten. Verwenden Sie hierzu einen speziellen Küchenfaden, der hitzebeständig und geschmacksneutral ist.

Wenn's wirklich perfekt sein soll

Es ist nicht immer leicht, für den Gnocchi-Teig die richtigen Kartoffeln zu bekommen. Denn die müssen mehlig kochend mit einem hohen Stärke- und einem geringen Wasseranteil sein, damit der Teig gut bindet und nicht auseinanderfällt. Falls Sie nicht die richtige Kartoffelsorte bekommen, geben Sie einfach Kartoffelstärke in den Teig. Kleiner Trick, große Wirkung, Sie werden sehen!

Der Kräutermasse, in die der Schweinebraten eingelegt wird, kann auch noch die abgeriebene Schale einer Zitrone beigefügt werden. Das schmeckt besonders frisch.

Das Confit von roten Zwiebeln passt auch hervorragend zu allen Gerichten, die sonst von Rotkohl begleitet werden. Wer es würziger mag, kann zusätzlich Nelkenpfeffer und Balsamico hinzufügen.

Hierzu empfehlen wir einen leichten Chianti.

Rote Gnocchi in Schalottensauce

Für die Gnocchi

1,5 kg mehlig kochende Kartoffeln
2 Eier
Salz, Pfeffer
Muskat
6-8 EL Hartweizengrieß
ca. 4 EL Rote-Bete-Saft
(evtl. Kartoffelmehl)

Für die Schalottensoße

30 g Butter
12 Schalotten
Salz
1 Prise Zucker
1 Lorbeerblatt
einige Thymianzweige
400 ml trockener Weißwein
400 ml Fleischbrühe
50 g Parmesan
200 ml Sahne

Für die Dekoration

Parmesan am Stück
1 Bund Rucola
schwarzer Pfeffer, frisch gemahlen

1 Für die Gnocchi die Kartoffeln in der Schale gar kochen, abgießen, pellen und noch warm durch eine Kartoffelpresse drücken und sehr breitflächig auf ein Backbrett geben. Gut ausdampfen lassen.

2 Die erkalteten Kartoffeln in einer Schüssel mit den Eiern, Gewürzen und ca. 4 EL Hartweizengrieß mischen. Dann etwa 2 EL Rote-Bete-Saft unterkneten, bis der gewünschte Farbton entsteht. Noch mindestens 2 EL Weizengrieß unterrühren, bis ein formbarer, nicht zu fester Teig entsteht. Diesen auf einem Backbrett oder einem mit Backpapier ausgelegten Backblech zu länglichen, daumendicken Rollen auslegen und mindestens 20 Minuten ruhen lassen.

3 Kurz vor dem Servieren in einem großen Topf Wasser mit Salz und 2 EL Rote-Bete-Saft aufkochen lassen. Den Topf vom Herd nehmen und von den Teigrollen mit einem Suppenlöffel ca. 2 bis 3 cm große Nocken abstechen und diese sehr schnell mit dem Löffel ins Kochwasser tauchen. Hierbei ist Eile geraten, damit die Gnocchi gleichzeitig gar sind. Die Gnocchi nicht kochen, sondern nur ziehen lassen! Sie sind gar, wenn sie an die Wasseroberfläche steigen.

4 Gnocchi dann portionsweise mit einem Schaumlöffel aus dem Topf nehmen und gut abtropfen lassen.

5 Für die Schalottensauce die Butter bei mittlerer Temperatur in einem Topf schmelzen lassen. Die Schalotten schälen, fein würfeln, hinzufügen und langsam glasig dünsten lassen. Leicht salzen und Zucker hinzufügen, damit die Schalotten Flüssigkeit ziehen. Lorbeerblatt und Thymianzweige hinzufügen. Immer wieder geringe Mengen Wein und Brühe zugießen und das Ganze bei niedriger Temparatur vor sich hin köcheln lassen.

6 Wenn die Schalotten fast zerfallen (kann 1,5 bis 2 Stunden dauern), Lorbeerblatt und Thymianzweige herausnehmen und Schalotten mit einem Rührstab pürieren. Soll die Sauce feiner werden, kann man die Masse zusätzlich durch ein Sieb geben. Dann geriebenen Parmesan und die Sahne hinzufügen und im offenen Topf köcheln lassen, bis die Sauce sämig ist.

7 Zum Servieren die Gnocchi auf vorgewärmten Tellern anrichten. Schalottensauce angießen und mit gehobeltem Parmesan und ein paar Rucolablättern verzieren. Jede Portion noch mit etwas frisch gemahlenem schwarzen Pfeffer würzen.

Für die beliebten Gnocchi hält die deutsche Sprache schon seit Jahrhunderten ein eigenes Wort parat: Nockerln oder Nocken. Sei's drum: Gnocchi klingt einfach viel mondäner.

Hierzu schmeckt ein Chianti Classico mit einer ausgeprägten Fruchtnote hervorragend.

Florentiner Schweinebraten im Pancettamantel mit Ofenkartoffeln

Für den Schweinebraten

1,25 kg Schweinebraten (Lummer) aus dem Kotelettstück (Knochen mitnehmen!)

1/2 Bund Petersilie

1 Zweig Salbei

3 Zweige Rosmarin

5 Zweige Thymian

1 Zweig Oregano

1 Zweig Majoran

50 ml Olivenöl

3 Knoblauchzehen

Salz, schwarzer Pfeffer

250 g Pancetta (italienischer Schweine-Bauchspeck; vom Metzger leicht überlappend in 6-8 einzelne Lagen auf Folie schneiden lassen)

2 m Küchengarn

1 kg sehr kleine, vorwiegend festkochende Kartoffeln (Bratlinge)

300 ml trockener Weißwein

grobes Meersalz (oder Fleur de Sel)

Für das Confit

750 g rote Zwiebeln

30 g Schweineschmalz (oder Butterschmalz)

Salz, Pfeffer

1 Prise Zucker

1 Lorbeerblatt

1/2 gestr. TL Nelkenpulver

1 Prise Muskat

2 EL Johannisbeergelee

1 Lummerstück vom Metzger auslösen lassen, passendes Knochenstück mitnehmen.

2 Die Kräuter waschen, Blätter abzupfen, trocken tupfen und zusammen mit dem Olivenöl und dem geschälten und gehackten Knoblauch mit einem Passierstab zu einer nicht zu feinen Masse pürieren.

Den Braten pfeffern und leicht salzen und dann rundherum die Kräutermasse aufstreichen. Danach mit dem Pancetta bzw. mit der ganzen Pancetta-Lage belegen und sanft festdrücken. Anschließend den Braten mit Küchengarn nicht zu fest zu einem Paket verschnüren und in den passenden Knochen legen. Dann ca. 2 Stunden ruhen lassen, damit sich die Aromen entfalten können.

3 Für das Confit die Zwiebeln schälen, halbieren und in nicht zu dicke halbe Ringe schneiden. Schmalz bei mittlerer Temperatur in einem mittelgroßen Topf schmelzen und die Zwiebeln darin andünsten. Dann Salz, Pfeffer, Zucker, Lorbeerblatt, Nelkenpulver und Muskat hinzufügen. Nun die Temperatur reduzieren, den Deckel auf den Topf legen und das Ganze 1,5 bis 2 Stunden leicht köcheln lassen. Vor dem Servieren das Johannisbeergelee unterrühren, das Lorbeerblatt herausnehmen und abschmecken.

4 Ofen auf 200 °C vorheizen. Den Braten mit der »Knochenseite« nach unten auf den Grillrost legen und auf der mittleren Schiene in den Ofen schieben. Die Fettpfanne darunter in die unterste Schiene schieben.

5 Nach 30 Minuten die Temperatur auf 150 °C reduzieren, die gewaschenen Bratlinge in die Fettpfanne füllen und den Braten mit einem Teil des Weißweins übergießen. Dann 1 weitere Stunde braten lassen, von Zeit zu Zeit mit dem restlichen Weißwein übergießen und wenn dieser aufgebraucht ist, den Bratensaft dafür verwenden.

6 Dann den Ofen ausschalten (wer es statt innen rosa lieber gut durch mag, kann die Garzeit um 30 Minuten verlängern) und den Braten bei geöffneter Ofentür noch mal für ca. 5-10 Minuten ruhen lassen.

7 Den Braten aufschneiden. Das Confit zum Schweinebraten mit den mit Meersalz bestreuten Kartoffeln anrichten. Den Bratensaft in einer vorgewärmten Sauciere reichen.

Hierzu passt ein frischer Cremant.
Ein Espresso ist auch köstlich.

Mandelhörnchen mit Ricottacremefüllung und süßem Pesto

Für die Mandelhörnchen

3 Teigplatten Blätterteig, tiefgekühlt
3 EL brauner Zucker
3 EL Mandelblättchen

Für die Ricottacremefüllung

2 EL Zucker
1 EL Honig
1 unbehandelte Orange
1 unbehandelte Zitrone
1 Zimtstange
80 ml trockener Weißwein
2 Blätter Gelatine
250 g Ricotta
2 EL Orangenlikör
1 Päckchen echter Vanillezucker
150 ml Schlagsahne

Für das süße Pesto

3 EL Zucker
3 EL Wasser
2 Bund Basilikum
ca. 30 g geschälte Mandeln
1 Prise Vitamin-C-Pulver

Für die Dekoration

Himbeeren
weiße Schokolade, gerieben

1 Für die Mandelhörnchen 3 Teigplatten TK-Blätterteig diagonal schneiden und mit der matten Seite nach unten auf ein mit Backpapier belegtes Backblech legen. Mit etwas braunem Zucker bestreuen und zu Hörnchen rollen. Danach mit Mandelblättchen belegen, auf die dann noch mal ein bisschen Zucker kommt. Dann bei 180 °C ca. 15 Minuten backen und anschließend auskühlen lassen.

2 Für die Ricottacremefüllung den Zucker mit Honig in einem kleinen Topf erhitzen und kurz aufschäumen lassen. Dann die Schale einer halben abgeriebenen Orange und einer halben abgeriebenen Zitrone sowie die Zimtstange beifügen. Mit dem Saft einer halben Orange und dem Weißwein ablöschen und auf ca. ein Drittel der ursprünglichen Flüssigkeit unter weiterem Erhitzen zu einem Sirup reduzieren.

3 Derweil die Gelatineblätter in kaltem Wasser einweichen. Wenn der Sirup auf die gewünschte Menge eingekocht ist, den Topf vom Herd nehmen, die Zimtstange entfernen und die leicht ausgedrückte Gelatine unterrühren – aber nicht mehr aufkochen lassen! Dann abkühlen lassen.

4 Ricotta abgießen und in einer Rührschüssel mit Orangenlikör, Vanillezucker und dem Sirup zu einer schönen glatten Masse verrühren. Die Sahne schlagen und vorsichtig unterheben. Das Ganze dann im Kühlschrank für ca. 2 Stunden abkühlen lassen.

5 Für das süße Pesto den Zucker in einem kleinen Topf unter Rühren so lange im Wasser kochen lassen, bis er sich aufgelöst hat, dann etwas abkühlen lassen. Die Basilikumblätter waschen und in ein hohes Gefäß geben. Mandeln und das Zuckerwasser hinzufügen und alles mit einem Passierstab pürieren. Eine gute Messerspitze Vitamin-C-Pulver dazugeben und verrühren. So behalten die Basilikumblätter ihre Farbe.

6 Vor dem Servieren die Mandelhörnchen der Länge nach aufschneiden und den unteren Teil mithilfe eines Spritzbeutels mit der Ricottacreme füllen. Nun die obere Hälfte wieder aufsetzen. Dann das Hörnchen je nach Geschmack mit Himbeeren auf einem Teller anrichten, das Pesto locker um die Früchte träufeln. Mit etwas geriebener weißer Schokolade bestreuen.

Menü 3

Apfel-Pastinaken-Suppe
Wildhasenfilet in Blätterteig auf Lebkuchensauce
Schokoladenmousse mit Olivenöl und Rosmarin-Orangen-Sauce

Das kann vorbereitet werden

Suppe kochen. Lebkuchensauce und Kirschen einkochen. Die Schokoladenmousse kommt schon am Nachmittag in den Kühlschrank.

Timing

Auch in dieser Menüfolge ist die Zubereitung der einzelnen Gänge gut aufeinander abgestimmt. Mit der Vorspeise können Sie schon am Tag vorher beginnen und sie dann am Abend des Dinners selbst nur noch einmal aufwärmen und ihr mit Calvados und Walnüssen den letzten Schliff geben.

Beim Hauptgang können Lebkuchensauce und Kirschen in den ersten Schritten schon vorbereitet werden. Hase, Wirsing und Spätzle müssen allerdings frisch und auf den Punkt zubereitet werden. Legen Sie sich alle Zutaten und das notwendige Werkzeug zurecht, damit alles reibungslos über die Bühne geht.

Die Schokoladenmousse muss mindestens 3 Stunden ruhen, sollte also schon am Nachmittag vorbereitet werden. Die Orangensauce allerdings wird lauwarm serviert. Beginnen Sie damit also am besten schon, wenn Sie die Vorspeise anrichten.

Nicht vergessen!

Wirsing nicht zu lange schmoren, sonst wird er weich und fade. Am besten erst in den Topf geben, wenn Sie mit der Zubereitung der Spätzle beginnen – also ganz zum Schluss.

So geht's

Oftmals liest man in Rezeptanleitungen ein lakonisches »Pilze säubern«. So auch in dem Hauptgang dieses Menüs. Aber Pilze so zu säubern, dass sie nicht ihr Aroma und ihre Knackigkeit verlieren, ist gar nicht so einfach. Am besten schmecken sie, wenn sie bei der Vorbereitung mit möglichst wenig Wasser in Berührung kommen. Meistens reicht es, wenn Sie den Pilz mit einem Pinsel von Schmutz befreien. Aber manchmal kommt man um das Wasser nicht herum. Geben Sie die Pilze dann in eine Schüssel mit Wasser, in das Sie ein wenig Weizenmehl gestreut haben. Dann die Pilze in diesem Mehlwasser waschen und anschließend trocken tupfen. Das Mehl schließt die Poren, sodass die Pilze weniger Flüssigkeit aufsaugen können.

Sie stehen mit dem Suppentopf in der Hand in Ihrer Küche und stellen fest, dass Sie kein Passiersieb besitzen? Kein Problem. Legen Sie einfach ein herkömmliches Sieb mit einem Küchenhandtuch aus und schütten Sie die Suppe hinein.

Wenn Sie im Spätzle-Schaben ungeübt sind, werden die ersten Exemplare sicher ein wenig groß sein. Keine Sorge, das tut dem Geschmack keinen Abbruch. Einfach zügig und mutig weiterschaben, die Übung kommt mit der Zeit.

Wenn's wirklich perfekt sein soll

Günstiger und besser als direkt beim Jäger können Sie kein Wild kaufen. Das ist vielleicht ein bisschen umständlicher als beim Metzger, aber die Mühe lohnt sich: Die

Qualität ist unschlagbar! Vielleicht kennen Sie ja einen Jäger in der Nachbarschaft, den Sie einmal ansprechen können.

So machen Sie Ihre Spätzle selbst (für 5 Personen)

400 g Mehl
6 EL Wasser
3 Eier
1 TL Salz
1 EL neutrales Pflanzenöl
50 g Butter
Muskatnuss
Pfeffer aus der Mühle

Das Mehl mit Wasser, Eiern, Salz und Öl in einer Schüssel mit dem Knethaken eines elektrischen Rührgeräts vermischen, bis der Teig glatt ist und Blasen wirft. Falls nötig, noch etwas Wasser zugeben. In einem großen, breiten Topf reichlich Wasser aufkochen. 2-3 EL Teig auf ein angefeuchtetes Holzbrett streichen und mit einem großen Messer oder einer Palette feine Streifen in das siedende Wasser schaben. Messer oder Palette immer wieder anfeuchten, damit der Teig nicht kleben bleibt. Wenn die Spätzle oben schwimmen, mit einem Schaumlöffel in ein Abtropfsieb heben, kalt abbrausen und gut abtropfen lassen. In einer Pfanne die Butter zerlassen, die Spätzle darin schwenkend erwärmen und mit frisch geriebener Muskatnuss und Pfeffer aus der Mühle würzen.

Als Ergänzung zur Säure der Suppe eignet sich sehr gut ein spritziger Riesling.

Apfel-Pastinaken-Suppe

Für die Suppe

1 Zwiebel
30 g Butter
2 Selleriestangen
5 Pastinaken
3 Äpfel (Granny Smith)
Salz, Pfeffer
1 1/2 l Geflügelbrühe
1 Bouquet Garni
(1 Lorbeerblatt,
2 Thymianzweige, 2 Stengel Petersilie)

Für die Dekoration

8 Walnüsse
100 g Crème fraîche
1 EL Calvados
frischer Thymian

1 Die Zwiebel abziehen und hacken. Sellerie putzen, waschen und in Stücke schneiden. Pastinaken schälen und würfeln. Äpfel waschen, vom Kerngehäuse befreien und ebenfalls würfeln. Die Zwiebeln in einem großen Topf in Butter glasig dünsten. Sellerie, Äpfel und Pastinaken dazugeben und mit Salz und Pfeffer würzen. Ein paar Minuten anbraten und mit der Geflügelbrühe ablöschen. Anschließend das Bouquet garni hinzufügen.

2 Das Ganze aufkochen und dann bei kleiner Hitze 25 Minuten ziehen lassen, bis das Gemüse schön weich ist. Danach das Gewürzsträußchen herausnehmen und die Suppe durch ein Passiersieb streichen. Wieder in den Topf gießen und erneut erhitzen.

3 Für die Garnitur die Walnüsse hacken. Crème fraîche mit dem Calvados mischen. Die Suppe zum Servieren in Schalen oder Teller füllen. In die Mitte je 1 Löffel der Crème-fraîche-Calvados-Mischung geben und mit den Walnüssen bestreuen. Darauf ein wenig Thymian als Dekoration geben.

Hierzu passt ein gehaltvoller kalifornischer Carbernet Sauvignon. Aber auch ein kräftiger Shiraz aus Baden oder ein Gewürztraminer schmeckt hervorragend zu Wild!

Wildhasenfilet in Blätterteig auf Lebkuchensauce

Für die Füllung

250 g Waldpilze
1 EL gehackte Schalotten
40 g Butter
2 EL Weißbrotkrumen
1 Eigelb
1 EL gehackte Petersilie
Salz, Pfeffer

Für die Sauce

50 g Kochlebkuchen
400 ml Wildfond
Salz
Pfeffer
1 EL Gin
2 EL Cognac
40 g kalte Butter
2 EL geschlagene Sahne

Für die Kirschen

250 ml Kirschsaft
1 EL Butter
150 g Schattenmorellen

Für die Hasenfilets

5 Hasenrückenfilets, aus dem Knochen gelöst
Salz, Pfeffer
40 g Butter
200 g Blätterteig (tiefgekühlt)
1 Eigelb, mit 1 EL Wasser verdünnt

Für den Wirsing

1 mittelgroßer Kopf Wirsing
100 g Butter
Salz, Pfeffer

1 Für die Füllung die Pilze säubern und fein hacken. Mit den Schalottenwürfeln in Butter anschwitzen (d.h. sie werden angeröstet, ohne dass sie Farbe annehmen. Aber sie geben Wasser ab, »schwitzen« also). Abkühlen lassen. Weißbrotkrumen, Eigelb sowie Petersilie unterrühren und mit Salz und Pfeffer abschmecken.

2 Für die Sauce Lebkuchen im Mixer zerkleinern. In eine Kasserolle mit dem Wildfond geben und bei geringer Hitze um die Hälfte reduzieren. Gut durchmixen, durch ein feines Sieb streichen, mit Salz und Pfeffer würzen und mit Gin und Cognac verfeinern. Kurz vor dem Servieren die Sauce mit kalten Butterwürfeln binden und mit der geschlagenen Sahne abrunden.

3 Für die Kirschen den Kirschsaft auf ein Drittel einkochen und mit 1 EL Butter verrühren. Die Kirschen darin wenden, bis sie ganz von dem Fond überzogen sind.

4 Für die Hasenfilets Butter in eine Pfanne geben und darin die mit Salz und Pfeffer gewürzten Filets kurz anbraten. Dann abkühlen lassen und mit der Füllung bestreichen. Den angetauten Blätterteig dünn ausrollen und die Filets damit einwickeln. Mit verdünntem Eigelb bestreichen und im vorgeheizten Ofen bei 200 °C 10 Minuten goldgelb backen.

5 Für den geschmorten Wirsing den Kohl von den äußeren Blättern befreien, vierteln und den harten Strunk herausschneiden. Die Viertel unter fließendem Wasser waschen, dann in Streifen schneiden und etwas abtropfen lassen. Den Wirsing noch feucht in einen Schmortopf geben, die Butter in Stückchen darauf verteilen, salzen und pfeffern. Deckel schließen und den Wirsing bei geringer Hitze ca. 10 Minuten bissfest schmoren, dabei ab und zu umrühren.

6 Spätzle, wie auf Seite 55 beschrieben, zubereiten.

7 Die Lebkuchensauce auf Teller geben. Hasenfilets daraufsetzen und mit den Kirschen garnieren. Daneben den Wirsing geben.

Auf Französisch heißt Blätterteig »Mille Feuille«, tausend Blätter. Und wie ein Tausendfüßler keine tausend Füße hat, hat auch ein Blätterteig meist nur 145 Blätter. Aber immerhin!

Hierzu kann ein Portwein mit nussigen Aromen oder ein Cognac gereicht werden.

Schokoladenmousse mit Olivenöl und Rosmarin-Orangen-Sauce

Für die Mousse

180 g Halbbitter-Kuvertüre
4 Eier
110 g Zucker
125 ml Olivenöl

Für die Sauce

5 Saftorangen
1 Zweig frischer Rosmarin
50 g Zucker
3 EL Orangenlikör

1 Die Kuvertüre grob hacken und im Wasserbad bei milder Hitze schmelzen.

2 Eier trennen. Eigelb und die Hälfte des Zuckers mit dem Mixer in einer Schüssel dick-schaumig aufschlagen. Eiweiß mit dem restlichen Zucker separat steif schlagen.

3 Die geschmolzene Kuvertüre nur leicht abkühlen lassen, dann mit dem Mixer unter das aufgeschlagene Eigelb rühren. Das Olivenöl erst tropfenweise, dann in dünnem Strahl dazugeben und so lange weiterrühren, bis die Masse eine leicht krümelige Konsistenz hat. Den Eischnee unterheben und mit dem Mixer weiterrühren, bis eine homogene Masse entsteht. Mindestens 3 Stunden im Kühlschrank ruhen lassen.

4 Für die Sauce von 1 Orange mit einem Zestenreißer (siehe S. 8) die Schale abziehen (ca. 1 TL). Aus der Orange Filets auslösen und beiseite stellen. 4 Orangen auspressen (sollte ca. 300 ml Saft ergeben). Etwa 15 Rosmarinnadeln abzupfen. Den Saft in einem Topf mit Zucker, Orangenlikör, Orangenstreifen und Rosmarinnadeln mischen und aufkochen. Dann 20 Minuten bei milder Hitze einkochen, bis ein leichter Sirup entsteht. Etwas abkühlen lassen. Zum Schluss in die lauwarme Sauce die beiseite gelegten Orangenfilets geben.

5 Die Sauce auf Tellern verteilen. Darauf die Mousse in Nockenform setzen.

Menü 4

Jakobsmuscheln in Ingwer-Orangen-Schaum mit geröstetem Weißbrot
Lammkarree unter der Haube mit Parmesankartoffeln
Warme französische Lagerbirne an kühler Vanillecreme

Das kann vorbereitet werden

Kaisergranate, auch Kaiserhummer genannt, putzen und entdarmen. Die Kruste für das Lamm zubereiten. Zwiebeln schälen und halbieren. Masse für Parmesankartoffeln vorbereiten. Die Dessertfüllung zubereiten.

Timing

Da das Lammkarree der Hauptspeise nur eine kurze Garzeit benötigt, geben Sie das Fleisch am besten in den Backofen, wenn die Gäste zur Vorspeise am Tisch Platz nehmen. Während Sie sich den Jakobsmuscheln widmen, kann das Lamm in aller Ruhe seinen verführerischen Duft verströmen, und die Pause zwischen Vorspeise und Hauptgang wird nicht allzu lang.

Die Füllung der Birnen für das Dessert kann schon am Nachmittag vorbereitet werden. Das spart kostbare Zeit, denn die Früchte sollen noch einmal 20 Minuten im Backofen garen.

So geht's

Jakobsmuscheln haben von November bis März Saison. Tiefgefroren werden sie jedoch das ganze Jahr angeboten. Frische Muscheln liegen schwer in der Hand und sollten geschlossen sein. Zum Öffnen verwenden Sie ein kurzes Messer mit breiter Klinge und befreien die Muschel vorsichtig von der gewölbten Unterschale. Dann unter fließendem Wasser säubern und dabei Häute, Kiemen und schwarze Eingeweide entfernen. Nur der zylinderförmige weiße Muskelstrang zwischen den Klappen und der orangerote Rogen sind genießbar.

Lassen Sie die sogenannten Lammrückensattel küchenfertig vom Metzger vorbereiten!

Wenn's wirklich perfekt sein soll

Anstatt das Brot beim Bäcker zu kaufen, können Sie es auch selbst backen. Dafür 250 ml lauwarmes Wasser mit 10 g frischer, zerbröckelter Hefe und 1 TL Salz verrühren. 10 Minuten ruhen lassen. 400 g Mehl in eine Schüssel geben, die aufgelöste Hefe dazugeben und alles gut mit den Händen vermischen. 100 ml sehr gutes Olivenöl dazugeben und gründlich zu einem glatten Teig kneten. Nun den Teig 3 Stunden gehen lassen. Dann nochmals durchkneten, 3 Brote daraus formen und diese weitere 30 Minuten auf einem Backblech gehen lassen. Im Ofen bei 220 °C 30 Minuten backen und lauwarm zur Vorspeise servieren.

Nicht vergessen!

Die Sauce noch einmal schaumig schlagen, kurz bevor Sie sie über die Jakobsmuscheln geben!

Hierzu empfehlen wir einen cremigen Chardonnay mit Vanillenote. Ein Champagner passt ebenfalls hervorragend.

Jakobsmuscheln in Ingwer-Orangen-Schaum mit geröstetem Weißbrot

Für die Jakobsmuscheln

500 ml Sahne
100 g Crème fraîche
80 g frischer Ingwer
Schale von 2 Orangen
10 Jakobsmuscheln
Kartoffelstärkemehl zum Wenden
Butter zum Anbraten
5 Kaisergranate, ungekocht
5 Wacholderbeeren
2 Lorbeerblätter

Für die Dekoration

frischer Schnittlauch
frische Petersilie
italienisches Landbrot

1 Sahne und Crème fraîche in einem Topf zum Kochen bringen. Ingwer schälen, durch die Knoblauchpresse drücken und hinzufügen. 15 Minuten kochen lassen, dann von der Kochplatte nehmen. Orangenschale raspeln, in die Sahne geben und 15 Minuten ziehen lassen. Dann so lange köcheln lassen, bis die Sauce cremig ist.

2 Muscheln waschen, säubern und aus den Schalen herausnehmen (siehe S. 61). In Kartoffelstärkemehl wenden und in Butter anbraten, bis sie leicht braun sind. Die Schalen säubern und im Backofen warm machen.

3 Die Kaisergranate in Wasser mit Wacholderbeeren und Lorbeerblättern kurz kochen.

4 Die Muscheln in den warmen Schalen anrichten. Die Sauce mit dem Schneebesen schaumig schlagen und darübergießen. Jeweils einen Kaisergranat dazulegen und mit Schnittlauch und Petersilie garnieren. Das italienische Landbrot rösten und dazu reichen.

Hierzu passt ein kräftiger Shiraz von der Rhône.

Lammkarree unter der Haube mit Parmesankartoffeln

Für das Lammkarree

2 EL Semmelbrösel
1-2 EL Senf
20 g Pinienkerne
25 g schwarze Oliven
1 Knoblauchzehe
Salz, Pfeffer
2 küchenfertige Lammrückensattel (à 400 g)
2 EL Öl zum Anbraten

Für die Zwiebeln

700 g Gemüsezwiebeln
25 g getrocknete Tomaten (ohne Öl)
2 EL Olivenöl
2 EL Zucker
125 ml Weißwein
2 Lorbeerblätter
3 Zweige Thymian
2 TL dunkler Rübensirup
30 g Sultaninen

Für die Kartoffeln

600 g Kartoffeln
2 Eier
150 g Parmesan
etwas Mehl
Butter zum Anbraten

1 Für das Lammkarree Semmelbrösel, Senf, gehackte Pinienkerne, gehackte Oliven und abgezogene, gehackte Knoblauchzehe miteinander vermischen und mit Salz und Pfeffer abschmecken. Anschließend das Fleisch salzen und pfeffern. In einer beschichteten Pfanne das Öl erhitzen und das Lamm bei starker Hitze auf jeder Seite 2 Minuten anbraten. Mit der Fleischseite nach oben auf ein Blech legen. Die Bröselmischung auf dem Fleisch verteilen. Im vorgeheizten Backofen bei 190 °C (Umluft 170 °C) 15 bis 18 Minuten garen. Kurz ruhen lassen und die Lammteile in 5 Portionen teilen.

2 Für die Schmorzwiebeln die Gemüsezwiebeln so schälen und halbieren, dass der Wurzelansatz stehen bleibt. Zwiebelhälften in Spalten schneiden. Die getrockneten Tomaten grob würfeln. Olivenöl in einer Pfanne erhitzen und die Zwiebeln darin goldbraun braten. Mit dem Zucker bestreuen und karamellisieren lassen. Den Weißwein dazugießen und Lorbeerblätter, Thymianzweige, Rübensirup, Sultaninen und Tomatenwürfel dazugeben. Bei mittlerer Hitze 20 Minuten weiterschmoren lassen.

3 Für die Parmesankartoffeln die Kartoffeln schälen, gar kochen und noch warm durch eine Presse drücken. Die Eier und den geriebenen Parmesan unterrühren. Danach so viel Mehl zufügen, dass eine kompakte Masse entsteht. Nun kleine Portionen abstechen, zu Nocken formen und in kochendes Wasser legen (ca. 3-4 Minuten, bis die Nocken an der Oberfläche schwimmen). Abtropfen und abkühlen lassen und anschließend in Butter anbraten.

4 Die Lammkarrees auf den Zwiebeln mit den Parmesankartoffeln anrichten.

Servieren Sie zu diesem Dessert einen Kaffee mit Sahnehaube. Auch der Rotwein aus der Hauptspeise passt.

Warme französische Lagerbirne an kühler Vanillecreme

Für die Birnen

5 rotbackige Lagerbirnen
150 g Mandeln, gehackt
150 g Rosinen
150 g Pinienkerne
40 ml Schnaps
100 g Zucker
2 Eigelb

Für die Vanillecreme

1 Vanilleschote
500 ml Sahne
Crème fraîche

Für die Dekoration

frische Minzblätter

Für den Kaffee

Kaffee
flüssige Sahne
Zimt
Vanillezucker
Kaffeestaub

1 Die Vanilleschote mit Sahne aufkochen (evtl. noch ein wenig Crème fraîche dazugeben, falls die Masse nicht cremig genug ist). Diese Sauce durch langes Kochen unter Rühren reduzieren. Dann kalt stellen.

2 Die Mandeln, Rosinen und Pinienkerne in Schnaps einkochen, abkühlen lassen.

3 5 Birnen unten (an der dicken Seite) abschneiden. Nicht zu viel wegschneiden, sondern nur so viel, dass Sie mit einem Stecher das Kerngehäuse entfernen können. Die Birnen schälen, dabei den Stiel nicht entfernen.

4 Die Mandel-Rosinen-Pinienkern-Masse mit einem Teelöffel in die Öffnung der Birnen füllen, wo vorher das Kerngehäuse war. Die »Verschlussstücke« wieder aufsetzen und das Ganze 20 Minuten in dem auf 150 °C vorgeheizten Ofen backen.

5 Zucker und Eigelb in einem Wasserbad schaumig schlagen. Während der letzten 5 Minuten Backzeit die Birnen mit der Zucker-Eigelb-Masse von oben bis unten mehrmals bestreichen, bis diese an den Birnen karamellisiert.

6 Zum Servieren einen Vanillesaucenspiegel anrichten, die Birne daraufsetzen und sie in der Mitte in Vierteln öffnen, sodass man die Füllung sehen kann. Mit Minzblättern garnieren.

7 Dazu einen Kaffee reichen mit Sahne (zubereitet aus flüssiger, aufgeschlagener Sahne, Zimt und Vanillezucker). Davon jeweils einen kräftigen Klecks auf den Kaffee geben und die Sahnehaube mit Kaffeestaub dekorieren.

Safran ist das teuerste Gewürz der Welt – und gleich dahinter folgt die aus Mittelamerika stammende Vanille. Der Name Bourbon-Vanille stammt von einem der späteren Anbaugebiete, der Insel La Réunion im indischen Ozean: sie hieß früher Île Bourbon, die Bourbonen-Insel.

Geht immer, schmeckt immer: die Klassiker

Die römischen Kaiser hatten's gut. Sie hatten Vorkoster, die vorab für sie testeten, ob ein Dinner lecker war. Das kann sich bei den heutigen Lohnnebenkosten natürlich keiner mehr leisten. Zum Glück gibt es viele tolle Gerichte, die schon millionenfach gratis vorgekostet wurden. Es sind die bewährten Küchenklassiker. Bei ihnen kann man sicher sein, dass sie schmecken. Denn wenn sie nicht schmecken würden, wären sie schließlich keine Klassiker geworden, oder? Eben!

Menü 1

Klare Tomatenessenz mit Quarknocken

Rehkeule mit Maronenagnolotti

Zitronensoufflé

Menü 2

Erbsencremesuppe

Gespickter Lammbraten mit Ofengemüse und Feldsalat

Kirschen mit Apfelcreme und Nusskrokantblättern

Menü 3

Kartoffel-Kresse-Suppe

Bayerische Ofenente mit Blaukraut und Semmelknödel

Erdbeercrumble

Menü 4

Maronencremesuppe

Gans mit roten Linsen an Ingwer-Pflaumen-Sauce

Gratinierte Orangenfilets

Menü 1

Klare Tomatenessenz mit Quarknocken
Rehkeule mit Maronenagnolotti
Zitronensoufflé

Das kann vorbereitet werden

Den Tomatensud kochen und passieren. Die Rehkeule parieren und enthäuten. Die Agnolotti vorbereiten und erst kurz vor dem Servieren garen.

Timing

Dieses auf den ersten Blick aufwändige Menü ist ein kleines Zeitwunder. Denn das meiste kann so vorbereitet werden, dass Ihnen viel Zeit bleibt, um sich Ihren Gästen zu widmen. Die klare Tomatenessenz mit Quarknocken kann vorbereitet werden. Einmal im Ofen, gart die Rehkeule wie von selbst, und die Agnolotti, eine Pastasorte, bei der der Teig ähnlich wie bei Ravioli über eine Füllung geklappt wird, machen zwar ein wenig Arbeit, sind aber ebenfalls in aller Ruhe vorzubereiten. Auch vor dem Soufflé brauchen Sie keine Angst zu haben, denn auch diese Hürde werden Sie spielend nehmen! Außerdem schmeckt es auch sehr gut, wenn es nicht perfekt aufgeht...

Bereiten Sie die Essenz schon am Morgen zu und rechnen Sie hierfür mindestens 2 – 2 1/2 Stunden ein. Die Quarknocken garen Sie erst kurz vor dem Servieren.

Nicht vergessen!

Das Wasser zum Garen der Quarknocken nicht aufkochen lassen, sonst zerfallen die Nocken.

Auch für die Vorbereitung der Agnolotti sollten Sie großzügig planen, denn die einzelnen Arbeitsschritte nehmen Zeit in Anspruch (insgesamt ca. 2 Stunden). Die Rehkeule allerdings muss lediglich pariert (siehe unten) und gewürzt werden. Denken Sie aber daran, dass sie mindestens 50 Minuten schmoren muss. Schieben Sie sie also schon in den Ofen, wenn Ihre Gäste eintreffen. Die Sauce kann zubereitet werden, während Sie die vorbreiteten Agnolotti als Beilage garen.

Die Masse für das Soufflé muss frisch gerührt werden. Aber keine Sorge, dass ist schnell gemacht und Sie müssen Ihre Gäste dann nur noch allein lassen, um immer mal wieder zu prüfen, ob es auch schön aufgeht.

So geht's

Wenn man keinen Fleischwolf besitzt, kann man auch alle Zutaten der klaren Tomatenessenz sehr klein hacken und dann – nachdem die Suppe gezogen hat – durch ein Küchentuch drücken. Hierfür sollten Sie aber viel Zeit einplanen. Gut Ding will Weile haben ...

Sie wissen nicht, wie man Fleisch pariert? Keine Sorge, Sie befinden sich in guter Gesellschaft. Und es ist ganz einfach. So geht's: Zuerst mit einem scharfen, spitzen Messer alle Häute und Sehnen lösen, da sie beim Braten nicht weich werden. Anschließend die Muskelstränge rund um den Knochen lösen. Diese Teile nennt man

Parüren. Sie sollten nicht weggeworfen, sondern für den Fond aufbewahrt werden.

Kaufen Sie Wildfleisch immer im Ganzen, also mit Knochen und Sehnen, die Sie dann sorgfältig auslösen. Angeröstet und ausgekocht ergeben sie nämlich den Wildfond, die unentbehrliche Grundlage für alle Saucen und Suppen. Man kann übrigens auch aus Bratenknochen (z.B. vom Rehrücken) einen Wildfond kochen.

Wenn's wirklich perfekt sein soll

Wenn mehr Fettaugen auf einer Suppe schwimmen, als Ihnen lieb ist, hilft ein Trick: Einfach ein Küchenpapier auf die Oberfläche halten und vorsichtig wieder heben. Das Ganze dann so oft mit einem frischen Papier wiederholen, bis kein oder nur noch wenig Fett aufgesaugt wird.

Geklärte Butter bzw. Butterschmalz, worin die Rehkeule angebraten wird, kann man gut selbst herstellen. Man zerlässt Butter und lässt sie dann bei niedriger Hitze leise köcheln, bis sie klar ist. Dann durch Küchenkrepp abseihen.

Zum Übergießen der Rehkeule während des Garens nehmen Sie am besten den Rotwein, der auch zum Hauptgang serviert wird. Wenn Sie hier am falschen Ende sparen und zu einem billigeren greifen, kann das auf Kosten des Geschmacks gehen.

Wenn Sie das Eigelb für das Soufflé mit Zucker aufschlagen, geben Sie gleich zu Anfang einen Schuss heißes Wasser hinzu. So löst sich der Zucker und die Masse schäumt schneller. Soufflés müssen immer heiß serviert werden, das wird Ihnen nicht neu sein. Wer kennt nicht die Gruselgeschichten von wunderschön aufgegangenen Soufflés, die sofort nach dem Servieren elendig in sich zusammenfallen? Ein Bild des Jammers! Aber trauen Sie sich, denn diese Nachspeise ist einfach köstlich! Und eigentlich schmeckt sie auch halb so groß genauso gut ...

Ein Tipp: Fetten Sie nur den Boden und die untere Hälfte der Form ein. So geht das Soufflé besonders schön auf.

So machen Sie den Teig für die Agnolotti selbst
(für 5 Personen)

1 Ei
2 Eigelb
1/2 TL kalt gepresstes Distelöl
1 Prise Salz
200 g Mehl
Klarsichtfolie

Ei, Eigelb, Öl und Salz in eine Schüssel geben und mit dem Schneebesen gut verrühren. Nach und nach das Mehl dazusieben und mit den Händen so lange kneten, bis sich der Teig vom Schüsselrand löst. In Klarsichtfolie einschlagen und 1/2 Stunde kühl lagern.

Es bietet sich ein leichter Sauvignon Blanc mit wenig Säure an.

Klare Tomatenessenz mit Quarknocken

Für die Essenz

200 g Schalotten
Olivenöl
5 EL Tomatenmark
1 kg passierte Tomaten
1 Knoblauchzehe, gehackt
1 l Geflügelbrühe
1 Lorbeerblatt
1 Bund Basilikum
1 TL schwarze Pfefferkörner
1/2 Knolle Sellerie
1 Stange Lauch
2 Möhren
5 Eiweiß
300 g Rinderhack

Für die Nocken

250 g Magerquark
1 Eigelb
1 EL Speisestärke (gestrichen)
5 Blätter Basilikum

1 Die Schalotten abziehen, würfeln und in Olivenöl andünsten. 2 EL Tomatenmark dazugeben und kurz anrösten. Dann die passierten Tomaten, Knoblauchzehe, Geflügelbrühe, Lorbeerblatt, Basilikum, Pfefferkörner und das restliche Tomatenmark zugeben.

2 Alles bei mittlerer Hitze ca. 40 Minuten köcheln lassen. Anschließend durch ein Sieb den Tomatensud passieren und abkühlen lassen.

3 Für die Klärmasse Sellerie, Lauch und Möhren putzen und klein hacken oder durch den Fleischwolf drehen. Mit Eiweiß und Rinderhack vermischen.

4 Die kalte Klärmasse mit dem passierten Tomatensud in einen Topf geben und unter ständigem Rühren bei niedriger Hitze 20 Minuten ziehen lassen. Die Suppe darf nicht kochen, sondern allenfalls leicht aufwallen.

5 Die klare Essenz nun abschöpfen oder durch ein Tuch passieren.

6 Für die Nocken den Quark durch ein Küchentuch gut ausdrücken und mit dem Eigelb und der Speisestärke vermengen. Das Basilikum hacken und untermischen. Mit 2 Teelöffeln Nocken abstechen. Dabei die Masse immer wieder von dem einen in den anderen Löffel streichen, damit Nocken entstehen. Diese ca. 6 Minuten in gesalzenem Wasser garen. Sie dürfen nicht kochen!

7 Zum Servieren die Essenz nochmals kurz erhitzen, in Teller füllen und die Quarknocken dazugeben. Mit Basilikum garnieren.

Probieren Sie hierzu einen trockenen Spätburgunder aus der Pfalz.

Rehkeule mit Maronenagnolotti

Für die Rehkeule

1 Rehkeule (ca. 2 kg)
Salz, Pfeffer
50 g Butterschmalz
1/2 l trockener Rotwein
300-500 g klein gehackte Wildknochen
1 Bund Suppengemüse
1 Zwiebel
1 EL Tomatenmark
1 Zweig Thymian
2 Gewürznelken
1 Lorbeerblatt
12 Pfefferkörner
6 Wacholderbeeren
1 Knoblauchzehe
kalte Butter zum Binden
2 cl roter Portwein
2 cl Cognac

Für die Maronenfüllung

100 g Poularden- oder Hähnchenbrustfleisch
30 g Geflügelleber
Salz, Pfeffer
100 ml Sahne
2 cl Portwein
200 g Maronen
1 EL Kalbsfond
1 Bund Kerbel
1 verquirltes Eigelb
Butter zum Schwenken

Für den Spargel

1 kg grüner Spargel
Parmesan zum Bestreuen

1 Die Rehkeule parieren (siehe S. 70) und enthäuten. Das Fleisch mit Salz und Pfeffer einreiben. 30 g Butterschmalz in einem großen Bräter erhitzen und die Keule von jeder Seite kräftig anbraten. Dann im auf 170 °C vorgeheizten Backofen 50-60 Minuten schmoren. Währenddessen das Fleisch immer wieder mit Rotwein übergießen.

2 Die Wildknochen in 20 g Butterschmalz anrösten. Das Suppengemüse putzen, klein schneiden und mit der gehackten Zwiebel zufügen. Unter ständigem Rühren einige Minuten glasig braten.

3 Das Tomatenmark unterrühren, kurz anschwitzen und mit etwas Rotwein ablöschen. Einkochen lassen und wieder etwas Rotwein zufügen. Währenddessen die Gewürze und die geschälte, ganze Knoblauchzehe zufügen.

4 Das Fleisch aus dem Ofen nehmen und den Bratfond zur Sauce geben. Die Sauce durch ein feines Sieb oder einen Durchschlag passieren, noch etwas einkochen. Mit Butter binden. Portwein und Cognac hinzugeben. Nach Belieben mit Salz und Pfeffer nachwürzen.

5 Den Nudelteig zubereiten (siehe S. 71) und kalt stellen.

6 Für die Füllung Geflügelfleisch und -leber sehr klein hacken und mit Salz und Pfeffer würzen. Fleisch und Sahne getrennt voneinander ins Tiefkühlfach stellen und anfrieren lassen. Dann beides in einer Küchenmaschine zerkleinern und zu einer glänzenden Füllung, auch Farce genannt, vermischen. Mit Portwein abschmecken.

7 Die Maronen mit einem Messer kreuzweise einritzen, auf ein Backblech legen und in den auf 200 °C vorgeheizten Backofen geben, bis die Schale aufplatzt. Die Schale und Reste der braunen Haut ablösen. Die Maronen mit einer Gabel fein zerdrücken und mit der Geflügelfarce, Kalbsfond und gehacktem Kerbel gut vermischen. Salzen.

8 Den Nudelteig sehr dünn ausrollen und mit einer gezackten, runden Form mit ca. 7 cm Durchmesser ausstechen. Die Ränder mit verquirltem Eigelb bestreichen, auf die Hälfte der Teigkreise etwas Maronengeflügelfüllung geben und jeweils zum Halbmond umschlagen. Die Teigränder fest andrücken und nochmals mit Eigelb bestreichen. Anschließend kühl stellen. Kurz vor dem Servieren die Agnolotti in siedendem Salzwasser 3 Minuten ziehen lassen, abtropfen und in etwas Butter schwenken.

9 Den Spargel an den Enden abschneiden und in kochendem Salzwasser 10 Minuten garen.

10 Die Rehkeule in Scheiben schneiden, die Sauce und den mit Parmesan bestreuten Spargel auf den Teller geben und das Fleisch darauf mit den Agnolotti anrichten.

Hierzu passt kühler, prickelnder Prosecco.

Zitronensoufflé

4 Eigelb
150 g feinster Zucker
2 EL Zitronensaft
etwas abgeriebene Zitronenschale
4 Eiweiß

1 Das Eigelb sehr schaumig rühren und nach und nach Zucker, Zitronensaft und Zitronenschale zugeben. Das Eiweiß separat zu steifem Schnee schlagen und unter die Eimasse heben.

2 Die Masse in gut gefettete Förmchen füllen und bei 170 °C im Backofen 25-30 Minuten backen. Die Backofentür während der Garzeit geschlossen halten. Sofort servieren! Man weiß ja was passiert, wenn es Soufflés zu kühl wird ...

3 Zum Servieren die Förmchen auf einen Teller stellen und mit etwas abgeriebener Zitronenschale garnieren.

Souffle heißt Atem, und den hält der Koch meist an, wenn er sein Soufflé im Ofen betrachtet – und leise betet, dass es klappen möge. Aber was wäre das Leben ganz ohne Risiko! Darauf einen Prosecco. Oder am besten gleich zwei.

Menü 2

Erbsencremesuppe
Gespickter Lammbraten mit Ofengemüse und Feldsalat
Kirschen mit Apfelcreme und Nusskrokantblättern

Das kann vorbereitet werden

Die Suppe kochen. Den Lammbraten spicken. Den Feldsalat putzen und das Gemüse waschen, schälen und klein schneiden. Die Äpfel schälen, klein schneiden, kochen und pürieren. Die Nusskrokantblätter backen.

Timing

Ein tolles Menü für alle, die wenig Zeit, aber trotzdem gerne Gäste haben! Der Lammbraten ist einfach zuzubereiten und doch köstlich. Auch die Beilagen sind völlig unkompliziert. Lediglich das Dessert ist etwas aufwändiger, dafür umso spektakulärer.

Die Suppe kann sogar schon am Vortag gekocht und kühl gestellt werden. Erst kurz vor dem Servieren den gebratenen Schinken als Dekoration auf die Suppe geben.

Am Tag des Dinners starten Sie am besten mit dem Dessert, denn die Creme muss mindestens drei Stunden kalt stehen. Auch die Krokantblätter müssen abkühlen, bevor Sie sie mit der Creme zu einem Törtchen schichten können.

Beim Braten müssen Sie nur die Garzeit von ca. 1 1/4 Stunde beachten, damit das Fleisch schön rosa und doch heiß auf den Tisch kommt.

So geht's

Beim Spicken sollten Sie umsichtig vorgehen. Wenn Sie nämlich wahllos auf das Fleisch einstechen, laufen Sie Gefahr, dass der Braten im Ofen Flüssigkeit verliert und austrocknet. Verwenden Sie daher nur ein sehr schmales Messer und stechen immer entlang der Faser ein. Dann drehen Sie vorsichtig das Messer, um den Spickkanal zu erweitern. Zuletzt den Knoblauch einstecken. Fertig.

Wenn's wirklich perfekt sein soll

Im Umgang mit der Gelatine beim Dessert ist Vorsicht geraten! Aufgelöste Gelatine mag es gerne mollig warm und sollte deshalb niemals direkt in eine kalte Masse eingerührt werden, da sie sonst sofort stockt und klumpt. Am besten wärmen Sie vorher einen kleinen Teil der Masse an und vermischen diesen dann vorsichtig mit der Gelatine, bevor Sie sie »ins kalte Wasser werfen«.

Nicht vergessen!

Für das Dessert ist ein Spritzbeutel nötig. Wenn Sie keinen besitzen, sollte der auf Ihrem Einkaufszettel stehen.

Hierzu passt sehr gut ein zitroniger Sauvignon Blanc.

Erbsencremesuppe

1 l Gemüsebrühe
1 kg junge Erbsen, tiefgefroren
Pfeffer
Majoran, gerebelt
400 ml Schlagsahne
4 TL geriebener Meerrettich (aus dem Glas)
Salz
400 g roher Schinken
4 EL Speiseöl

1 Die Erbsen auftauen.

2 Die Gemüsebrühe zum Kochen bringen.

3 Die Erbsen hinzugeben. Mit Pfeffer und Majoran würzen und ca. 5 Minuten kochen, dann das Ganze pürieren. Sahne und geriebenen Meerrettich zufügen und die Suppe mit Salz abschmecken.

4 Schinken in Streifen schneiden, im Öl knusprig braten und als Deko auf die Suppe geben.

Zu diesem Klassiker passt ein kräftiger, vollmundiger Rotwein aus der Tempranillo-Rebe, wie z.B. ein Rioja Crianza.

Gespickter Lammbraten mit Ofengemüse und Feldsalat

Für den Lammbraten

ca. 1,2 kg Lammkeule
Olivenöl
Salz, Pfeffer
Rosmarin, getrocknet
6–7 Knoblauchzehen
1 mittelgroße Zwiebel
ca. 200 ml Rotwein
ca. 250 ml Wasser
1 TL dunkler Saucenbinder

Für das Ofengemüse

1 kg Gemüse der Saison (z. B. Möhren, Rosenkohl, Brätlinge, Topinambur)
Salz, Pfeffer
Olivenöl

Für den Salat

150 g Feldsalat
Balsamicoessig
Olivenöl
1 Spritzer Rotwein
Salz, Pfeffer
1 Msp. Senf

1 Lammkeule waschen und trocken tupfen. Mit Olivenöl einreiben und mit Salz, Pfeffer und Rosmarin würzen. Dann das Fleisch mit den geschälten Knoblauchzehen spicken.

2 Das Fleisch in eine feuerfeste Form legen. Die Zwiebel schälen, vierteln und dazugeben. Das Ganze bei 200 °C ca. 1 1/4 Stunde garen. Währenddessen immer wieder mit Rotwein und Wasser begießen.

3 Das Gemüse waschen, schälen und klein schneiden. In eine Auflaufform geben, salzen, pfeffern und mit Olivenöl beträufeln. Gut durchrühren und für 45 bis 60 Minuten zu der Lammkeule in den Backofen stellen, damit alles gleichzeitig gar ist.

4 Die Keule herausnehmen und warm stellen. Den Bratenfond mit Saucenbinder binden und abschmecken.

5 Den Feldsalat putzen und in eine Schüssel geben. Für das Dressing den Balsamicoessig, das Öl, Rotwein, Salz, Pfeffer und Senf mischen. Über den Salat geben.

Zu diesem fruchtigen Dessert können Sie einen edelsüßen Riesling Auslese reichen.

Kirschen mit Apfelcreme und Nusskrokantblättern

Für die Kirschen

1/4 l Rotwein
150 g Zucker
10 Nelken
etwas abgeriebene Orangenschale
400 g entsteinte Kirschen (frisch oder eingelegt)

Für die Apfelcreme

2 Äpfel
1/2 l Wasser
50 g Zucker
2 Blatt Gelatine
2 EL Calvados oder Rum
70 g weiße Schokolade
1 Prise Zimt
200 ml Sahne

Für den Nusskrokant

75 g brauner Zucker
ca. 2 EL Wasser
75 g Butter
75 g gehackte Walnüsse
75 g weißer Zucker
50 g Mehl
Butterschmalz zum Einfetten
Backpapier

Für die Dekoration

frische Minze

1 Für die Kirschen den Rotwein mit Zucker, Nelken und Orangenschale aufkochen. Die Kirschen dazugeben und einmal gut aufkochen lassen. Die Früchte herausnehmen und den Saft so lange einkochen, bis er eine sämige Konsistenz hat. Dann die Kirschen in die Sauce zurückgeben. Anschließend kalt stellen.

2 Für die Apfelcreme die Äpfel schälen und in kleine Würfel schneiden. Das Wasser mit Zucker aufkochen und die Äpfel darin weich kochen. Dann herausnehmen und pürieren.

3 Währenddessen die Gelatine in ein wenig kaltem Wasser ca. 10 Minuten quellen lassen und anschließend gut ausdrücken. In lauwarmem Calvados oder Rum auflösen und mit den pürierten Äpfeln verrühren.

4 Die Schokolade im Wasserbad schmelzen und mit dem Zimt unter die Apfelcreme ziehen. Die Sahne schlagen und unterheben. Für ungefähr 3 Stunden kalt stellen.

5 Für die Nusskrokantblätter den braunen Zucker mit Wasser aufkochen und anschließend leicht abkühlen lassen. Butter zerlassen und mit dem Zuckersirup, Walnüssen, weißem Zucker und Mehl verrühren. Dann für eine halbe Stunde in den Kühlschrank stellen. Backpapier mit Butterschmalz einfetten. Krokantmasse kreisförmig (ca. 8 cm Durchmesser) aufstreichen und im Backofen bei 180 °C 6 bis 8 Minuten goldgelb backen.

6 Das kalte Kirschkompott auf Tellern verteilen. Die Apfelcreme mit dem Spritzbeutel auf die Krokantblätter geben und vorsichtig übereinandersschichten. Auf dem Kompott anrichten und mit Minze garnieren.

Menü 3

Kartoffel-Kresse-Suppe
Bayerische Ofenente mit Blaukraut und Semmelknödel
Erdbeercrumble

Das kann vorbereitet werden

Die Kartoffelsuppe kochen. Den Entenfond herstellen. Die Enten füllen. Das Gemüse schneiden. Den Knödelteig vorbereiten. Das Blaukraut am Tag vorher zubereiten. Erdbeeren putzen. Vanillesauce zubereiten.

Timing

Auch dieses Menü ist stressfrei, denn die meisten Elemente können vorbereitet werden. Das Blaukraut schmeckt sogar besser, wenn es am Tag vorher zubereitet und einfach aufgewärmt wird! Perfekt für den Gastgeber.

Das Dessert muss zwar frisch am Abend zubereitet und warm serviert werden, aber das ist im Handumdrehen gemacht.

Eines sollten Sie allerdings im Auge behalten: die Garzeit der Ente (ca. 2 1/2 Stunden). Die Pause zwischen Suppe und Geflügel sollte nicht allzu lang werden ...

So geht's

So zerlegen Sie ganz fachmännisch einen Vogel:

Das Zerlegen ist leichter, als Sie denken. Doch auch hier ist wieder gutes Werkzeug unerlässlich: eine Geflügel- oder eine Küchenschere, die etwas aushält, und ein schmales, scharfes (!) Messer. Alle Vögel haben glücklicherweise den gleichen Körperbau, unsere Anleitung gilt also nicht nur für glückliche Bayerische Ofenenten, sondern auch für alles andere Geflügel.

1 Zuerst die Keulen durch einen Schnitt ringsum abtrennen. Diese dann zur Seite biegen und mit Messer oder Schere die Gelenke durchschneiden.

2 Das Brustfleisch durch einen scharfen Messerschnitt am Brustbein entlang teilen. Mit der Schere den weichen Brustknochen an der spitz zulaufenden Stelle durchschneiden. Dann die Bruststücke vom Rücken trennen.

3 Die Bruststücke können Sie noch einmal quer in Flügel und unteres Bruststück teilen. Bei größeren Vögeln werden auch noch einmal die Keulen geteilt, und zwar direkt an den Gelenken.

Die Ofenente können Sie am Stück braten, oder aber Sie suchen sich Ihre Lieblingsstücke heraus und nehmen den Rest für die Zubereitung eines köstlichen Geflügelfonds.

Nicht vergessen!

Das Gemüse zum Schluss in Butter schwenken.

Wenn's wirklich perfekt sein soll

Damit das Blaukraut (oder der Rotkohl, wie man in anderen Gefilden sagt) nicht seine schöne rote Farbe verliert, sollten Sie es gleich zu Anfang mit Essig oder Zitronensäure beträufeln oder – wie in unserem Rezept – mit Essig durchziehen lassen. Dann geben Sie beim Schmoren ein wenig Zucker oder Johannisbeergelee in den Topf.

Bevor Sie die Ente braten, sollten Sie die Haut an den Fettpolstern anstechen. So kann das unter der Haut sitzende Fett während des Garens ablaufen. Und noch ein Tipp: Wenn Sie die Ente auf einem Rost braten (so wird sie besonders knusprig), können Sie das Fett in einer Pfanne auffangen. Dieses eignet sich hervorragend als Brotaufstrich oder zum Frittieren von Kartoffeln!

Die perfekte Vanillesauce

Eine Vanilleschote – zerdrückt oder aufgeschnitten – in 1/2 l Milch geben und ziehen lassen. Dann diese Vanillemilch (ohne Schote) aufkochen. Ein Eigelb mit 80 g Zucker verquirlen und mit der kochenden Milch übergießen. Mit dem Mixer rühren und erhitzen. Ganz wichtig: Noch einmal aufwallen, aber nicht kochen lassen! Die Sauce in ein anderes Gefäß gießen und abkühlen lassen.

Probieren Sie hierzu einmal einen halbtrockenen Gewürztraminer Spätlese.

Kartoffel-Kresse-Suppe

500 g Kartoffeln
1 kleine Zwiebel
100 g Butter
3/4 l Fleischbrühe
125 ml Sahne
150 g frischer Lachs
4 Kästchen Gartenkresse
Pfeffer aus der Mühle

1 Die Kartoffeln schälen und in Würfel schneiden. Die Zwiebel abziehen, fein würfeln und in Butter anschwitzen. Kresse von 2 1/2 Kästchen abschneiden, dazugeben und ca. 5 Minuten leicht dünsten.

2 Nun die Kartoffelwürfel dazugeben, mit der Fleischbrühe aufgießen und köcheln lassen, bis die Kartoffeln weich sind. Das Ganze fein pürieren und 1 Schuss Sahne dazugeben.

3 Den Lachs in ganz feine Streifen schneiden. Die Sahne schlagen.

4 Kurz vor dem Servieren die Suppe noch einmal aufschlagen. In die Teller füllen und jeweils ca. 1 EL in Streifen geschnittenen Lachs zugeben. Die Sahne als Häubchen darauf anrichten und die Suppe mit Kresse garnieren. Das Ganze mit Pfeffer bestreuen.

Die Kartoffel hat viele klangvolle Dialekt-Namen, darunter Krombier (Schwaben), Potacken (Franken), Knulle (Brandenburg), Tüfte (Plattdeutsch) und Erdapfel (Österreich).

Hierzu empfiehlt sich ein kräftiger Bordeaux, z. B. ein St. Estephe.

Bayerische Ofenente mit Blaukraut und Semmelknödel

Für die Ente

2 kleine Bauernenten (à ca. 2 kg)
Butterschmalz zum Anbraten
3 Zwiebeln
Salz, Pfeffer
Geflügelwürzmischung
2 Äpfel
6 Nelken
1 Bund Petersilie
1/4 l Wasser

Für die Semmelknödel

5 Semmeln (Brötchen)
ca. 350 ml Milch
3 Eier
Salz, Pfeffer
5 Zweige Petersilie

Für das Blaukraut

1 mittelgroßer Kopf Rotkohl (ca. 750 g)
5 EL Rotweinessig
Salz
1 Zwiebel
5 Nelken
2 Lorbeerblätter
2 Äpfel
2 EL Butterschmalz
1 EL Zucker
125 ml trockener Rotwein
Pfeffer

1 Von den Enten das Fett abtrennen und die Flügel, das Hinterteil und den Kragen entfernen. Diese Teile in einem Topf in Butterschmalz kräftig anbraten. 1 Zwiebel abziehen, in feine Würfel schneiden und mit Salz, Pfeffer sowie etwas Geflügelwürzmischung dazugeben. Dann mit Wasser aufgießen und ca. 1 1/2 Stunden köcheln lassen, um einen Fond zu bekommen.

2 Die Enten von innen und außen salzen und pfeffern. Äpfel schälen, vom Kerngehäuse befreien und in kleine Stücke schneiden. Die Enten mit den Äpfeln, jeweils 1 geschälten, halbierten Zwiebel und den Nelken füllen. Anschließend mit Butterschmalz in einen großen Bräter geben, die dritte Zwiebel schälen, grob hacken und dazugeben. Zum Schluss Salz, Pfeffer, Geflügelwürzmischung und gehackte Petersilie über die Ente geben.

3 Die Enten bei 180 °C ca. 2 bis 2 1/2 Stunden (je nach Gewicht) im Ofen braten. Nach 15 Minuten mit etwa 1/4 l Wasser angießen. Nach ca. 1 1/2 Stunden das Fett abschöpfen und den Fond dazugeben.

4 Für das Blaukraut den Kohlkopf vierteln und in grobe Streifen schneiden. In einer Schüssel mit Essig und Salz vermengen und 1 Stunde durchziehen lassen.

5 Die Zwiebel schälen und mit Nelken und Lorbeerblättern spicken. Die Äpfel schälen, vom Kerngehäuse befreien und in grobe Stücke schneiden. Butterschmalz in einem großen Topf erhitzen, das Kraut mit gespickter Zwiebel, Apfelstücken, Rotwein und Pfeffer dazugeben, mit Zucker überstreuen und ca. 2 Stunden schmoren lassen. Dabei ab und zu umrühren. Kurz vor dem Servieren die Zwiebel herausnehmen.

6 Für die Semmelknödel die Brötchen halbieren und mit erwärmter Milch übergießen. Vorsicht bei der Dosierung: Die Masse sollte feucht sein, aber formbar bleiben. Eier, Salz, Pfeffer und fein geschnittene Petersilie dazugeben und das Ganze zu einer festen Masse vermengen. Diese zu kleinen Kugeln formen, in siedendes Wasser geben und ca. 20 bis 25 Minuten leicht köchelnd ziehen lassen. Herausnehmen und gut abtropfen lassen.

7 Die Enten aus dem Bräter nehmen, der Länge nach halbieren und die Teile in 5 Portionen schneiden.

8 Zum Servieren ein wenig Fond auf die Teller geben und das Fleisch darauf legen. Die Knödel und das Blaukraut daneben anrichten. Dazu passen gegarte Möhren und Lauchzwiebeln.

Ein Espresso bildet den runden Abschluss des Menüs.

Erdbeercrumble

250 g Zucker
150 g Butter
250 g Mehl
1 kg Erdbeeren
Vanillesauce oder Vanilleeis

1 Zucker, Butter und Mehl in eine Schüssel geben und zu Streuseln kneten.

2 Erdbeeren waschen, putzen und in eine Auflaufform geben. Mit den Streuseln bedecken. Bei 180 °C im Ofen 15 Minuten backen.

3 Mit Vanillesauce (siehe Tipp S. 85) oder Vanilleeis auf Tellern anrichten.

Menü 4

Maronencremesuppe
Gans mit roten Linsen an Ingwer-Pflaumen-Sauce
Gratinierte Orangenfilets

Das kann vorbereitet werden

Die Maronencremesuppe kochen. Erst kurz vor dem Servieren Crème fraîche und Cognac zugeben. Die Gans säubern, würzen und füllen. Die Ingwer-Pflaumen-Sauce zubereiten.

Timing

Das Einzige, was bei dem Timing dieses Menüs beachtet werden muss, ist das Garen der Gans. Wenn Sie sie im Grill zubereiten, sollten Sie regelmäßig die HItze überprüfen. Beachten Sie außerdem das Gewicht und das Alter der Gans, denn danach richtet sich die Brat- oder besser gesagt Grillzeit.

Beilagen und Vorspeise sind völlig problemlos bzw. können gut vorbereitet werden. Das Dessert muss frisch zubereitet werden.

So geht's

Rote Linsen müssen vor dem Kochen nicht eingeweicht werden. Sie zerfallen rasch zu Brei und sind in 20 Minuten gar. Also Vorsicht, denn die Beilage zu diesem Gericht soll bissfest sein!

Nicht vergessen!

Den Kugelgrill rechtzeitig anwerfen, damit die notwendige Hitze erreicht wird, bzw. den Backofen vorheizen.

Für die Vorspeise können Sie ruhig auf Maronen aus dem Glas oder vakuumverpackte Maronen zurückgreifen. Sie machen das zeitaufwändige Schälen und Häuten (die Innenhaut schmeckt auch gekocht noch bitter) überflüssig.

Wenn's wirklich perfekt sein soll

Diese Gans sollte, wenn möglich, in einem Kugelgrill und nicht im Backofen zubereitet werden! Der Vorteil gegenüber einem herkömmlichen Grill: Wenn man den Deckel auflegt, zirkuliert die Wärme wie in einem Ofen. Ein weiterer Vorteil: Die Kohle liegt nicht direkt auf dem Boden, sondern auf einem Extrarost. So bekommt die Glut auch von unten Luft, was für eine optimale Hitzeentwicklung sorgt. Bevor Sie starten, sollten Sie prüfen, ob Ihr Grill einen ausreichenden Durchmesser hat. Wenn nicht, können Sie immer noch auf den Backofen ausweichen.

Fragen Sie beim Händler nach dem Alter Ihrer Gans. Eine junge, 3 Monate alte Gans wiegt bis zu 2 kg. Mit 8 oder 9 Monaten ist die Gans im besten Alter. Sie ist dann ausgewachsen und wiegt zwischen 3,5 und 5,5 kg. Je älter die Gans, desto fetter und zäher ist ihr Fleisch. Und eine alte Gans braucht eine längere Garzeit. Wählen Sie also am besten ein junges Tier mit einem biegsamen Brustknochen. Das Tier sollte eine cremefarbene Haut mit einem Stich ins Apricotfarbene und auf keinen Fall eine bläuliche oder bräunliche Färbung haben!

Hierzu passt ein frischer Sauvignon Blanc aus der neuen Welt.

Maronencremesuppe

3 Möhren

3 Stangen Staudensellerie mit Blättern

3 mittelgroße Zwiebeln

2 EL Butter

1,5 l Rinder- oder Hühnerbrühe

1/4 l trockener Weißwein

1 kleine Zwiebel

3 Gewürznelken

750 g Maronen, geschält (aus Glas, Dose oder vakuumverpackt)

Salz aus der Mühle

Zucker

Pfeffer aus der Mühle

250 ml Crème fraîche

3-4 EL guter Cognac

1 Möhren schälen und würfeln. Staudensellerie putzen und klein schneiden. Zwiebeln abziehen und fein hacken. In einem großen Topf die Butter erhitzen und Möhren, Staudensellerie und Zwiebeln bei kräftiger Hitze unter Rühren etwa 10 Minuten andünsten. Die Brühe und den Wein angießen.

2 Die kleine Zwiebel schälen und mit den Nelken spicken. Von den Maronen 8 Stück zur Seite legen, die restlichen mit der gespickten Zwiebel in die Brühe geben. 25 Minuten köcheln lassen, dann die Zwiebel mit den Nelken herausnehmen.

3 Die Suppe im Mixer (oder mit dem Stabmixer im Topf) pürieren. Falls sie zu dick ist, mit etwas Brühe oder Weißwein verlängern.

4 Die beiseite gelegten Maronen klein schneiden.

5 Suppe mit Salz, Zucker und Pfeffer abschmecken. Kurz vor dem Servieren Crème fraîche in die heiße Suppe rühren. Erst ganz zum Schluss den Cognac zugeben, damit sein Aroma nicht verfliegt.

6 Die klein geschnittenen Maronen auf die Suppenteller verteilen und die heiße Suppe darüberschöpfen.

Hierzu empfehlen wir einen fruchtbetonten Carbernet Sauvignon oder einen zurückhaltenden Merlot.

Gans mit roten Linsen an Ingwer-Pflaumen-Sauce

Für die Gans

1 Gans (ca. 4-5 kg)

ca. 4-5 Äpfel

Salz

Für die Linsen

500 g rote Linsen

Butter zum Anschwitzen

1 Schalotte, klein geschnitten

500 ml Brühe

Balsamicoessig

Salz

Für die Frühlingszwiebeln

25 Frühlingszwiebeln, auf 15 cm geschnitten

Öl zum Anbraten

Salz

Für die Sauce

500 g frische Pflaumen

300 ml Wasser

20 g Gelierzucker

frischer Ingwer nach Geschmack

1 Die Gans säubern, salzen und mit ganzen, ungeschälten Äpfeln füllen. Das Geflügel für ca. 2 1/2 bis 3 Stunden (je nach Gewicht) in einen Kugelgrill geben. Wenn Sie keinen Kugelgrill haben, legen Sie die Gans in einen Bräter und garen Sie sie bei 200 °C in 3 1/2 Stunden im Backofen.

2 Die Linsen in einem Topf mit etwas Butter und der geschälten, gewürfelten Schalotte anschwitzen. Anschließend mit Brühe ablöschen und so lange köcheln lassen, bis die Linsen gar, aber noch bissfest sind. Dann mit Balsamico und Salz abschmecken.

3 Die Frühlingszwiebeln putzen und auf 15 Zentimeter kürzen. In einer Pfanne mit Öl scharf anbraten und etwas salzen.

4 Für die Ingwer-Pflaumen-Sauce die Pflaumen häuten, entsteinen und vierteln. Dann mit ca. 300 ml Wasser und Gelierzucker kochen und leicht eindicken lassen. Den Ingwer schälen, fein würfeln und untermischen.

5 Die Gans zerteilen und mit den Äpfeln und übrigen Beilagen auf Tellern anrichten.

Ein prickelnder Champagner oder ein herber Cremant D'Alsace runden dieses Dessert perfekt ab.

Gratinierte Orangenfilets

4-5 Orangen
4-5 EL Orangenlikör
100 ml gekühlte Sahne
2 Eier
25 g Zucker
50 g Puderzucker
50 g Magerquark

1 Die Orangen mit einem Messer so schälen, dass auch die weißen Häute entfernt werden. Über einer Schüssel die Filets herausschneiden, dabei den Saft auffangen. Den Saft aus den Resten ebenfalls in die Schüssel pressen. Die Orangenfilets im Saft mit der Hälfte des Orangenlikörs ziehen lassen.

2 Den Backofen auf 200 °C vorheizen. Die Sahne mit dem übrigen Orangenlikör steif schlagen. Die Eier trennen. Eigelb mit Puderzucker und Zucker schaumig rühren. Den Quark und geschlagene Sahne untermischen. Eiweiß separat zu festem Schnee schlagen und unter die Quarkmischung heben.

3 Die marinierten Orangenfilets auf ofenfeste Teller verteilen und die Schaummasse darübergeben. Im heißen Ofen goldgelb backen und heiß servieren.

In Norddeutschland wird die aus Ostasien stammende Orange manchmal auch Apfelsine genannt. »Sine« steht für »China«, also chinesischer Apfel.

Verzichten können Sie woanders: Vegetarische Schlemmereien

»Nichts gegen Vegetarisches. Solange ein Schnitzel daneben liegt.« Es gibt sie immer noch, jene Zeitgenossen, für die eine Mahlzeit ohne Fleisch so verlockend ist wie die freiwillige Teilnahme an einer Hungersnot. Wie man sie zum Umdenken bewegen kann? In der Regel: gar nicht. Und wozu auch? Es macht doch viel mehr Spaß, die köstlichen Gerichte aus diesem Kapitel einfach selbst zu essen! Falls also einer Ihrer Gäste ohne Fleisch nicht kann, drücken Sie ihm eine Räucherwurst in die Hand und erfreuen Sie sich an seinen dankbaren Augen. Und damit zurück zum Gemüse!

Menü 1

Zucchini-Ricotta-Muffin

Dreierlei gefüllte Ravioli in Salbeibutter

Feigen-Walnuss-Kuchen und Honigeis

Menü 2

Linsenbällchen mit Joghurt-Koriander-Dip

Zucchini unter Nuss-Käsekruste

Mango-Shrikand an Kardamom und Pistazien

Menü 3

Frischer Fenchelsalat

Spinatstrudel mit Schafskäse und Pinienkernen

Zimtparfait auf Mangospiegel

Menü 4

Möhren-Mango-Suppe

Estragon-Risotto mit grünem Spargel

Zitronenpolentakuchen

Menü 1

Zucchini-Ricotta-Muffin
Dreierlei gefüllte Ravioli in Salbeibutter
Feigen-Walnuss-Kuchen und Honigeis

Das kann vorbereitet werden

Muffins backen, Zucchinispiegel anrühren. Nudelteig kneten, Füllungen mischen und Ravioli formen. Kuchen backen, Eismaschine anwerfen.

Timing

Bei diesem Menü werden Sie Ihre Gäste mit Ihrer uneingeschränkten Anwesenheit erfreuen können. Für mangelnde Aufmerksamkeit kann es schon mal keinen Punktabzug geben, denn jeder Gang lässt sich vorbereiten!

So geht's

So rollen Sie den Nudelteig richtig: Teilen Sie den Teig in so viele Portionen, wie er Eier enthält – in diesem Fall also fünf. Immer nur mit einer Portion arbeiten, während die anderen abgedeckt warten, bis sie an der Reihe sind.

Rollen Sie den Teig immer von sich weg aus. Sie beginnen dabei in der Mitte und rollen immer nur die Hälfte aus, die weiter von Ihnen entfernt liegt. Den Teig dabei laufend um 45 Grad drehen. Arbeiten Sie möglichst schnell, da sonst der Teig zu trocken wird. Immer wieder vorsichtig an den Enden ziehen, auch so wird der Teig dünner. Er ist perfekt, wenn Sie Ihre Finger durch den Teig sehen können. Auf Seite 144 finden Sie ein Raviolirezept, das Sie umsetzen können, wenn Sie eine Nudelmaschine besitzen.

Nicht vergessen!

Das Wasser nicht aufkochen lassen, wenn Sie die Nudeln einmal hineingegeben haben.

Wenn's wirklich perfekt sein soll

Achten Sie darauf, dass die Feigen reif sind. Und frisch sollten sie sein, denn Feigen verderben schnell und halten sich nicht länger als drei Tage im Kühlschrank!

Frische Steinpilze sollten Sie nicht waschen, da sie sich mit Wasser vollsaugen. Wischen Sie sie nur mit einem feuchten Tuch ab. Man kann frische Steinpilze von Juli bis November bekommen. Wenn Sie diese köstlichen Ravioli allerdings im Dezember zubereiten möchten, können Sie ohne schlechtes Gewissen auf getrocknete Steinpilze zurückgreifen. Die sollten aber eine cremig-rehbraune Farbe haben, denn je älter sie werden, desto mehr dunkeln sie nach. Getrocknete Steinpilze müssen Sie vor dem Gebrauch 20-30 Minuten in warmem Wasser einweichen.

Ein frischer Weißburgunder passt perfekt zu dieser leichten Vorspeise.

Zucchini-Ricotta-Muffin

Für die Muffins

150 g Mehl
3 TL Backpulver
1 TL Zucker
1/2 TL Salz
3/4 TL Dill
1/4 l Milch
70 g geschmolzene Butter
2 große Eier
1-2 kleine Zucchini
5 EL Ricotta-Käse
20 g Parmesan

Für den Zucchinispiegel

1/2 Zucchini
3 EL Ricotta
ein wenig Dill
Salz, Pfeffer
Parmesan

1 Den Ofen auf 200 °C vorheizen.

2 Mehl, Backpulver, Zucker, Salz und Dill in einer kleinen Schüssel gut mischen.

3 Die Zucchini waschen und mit einer Gemüsereibe fein raspeln.

4 Milch, Butter und Eier in einer separaten, großen Schüssel mischen. Ricotta, geriebenen Parmesan und Zucchini zugeben und gut miteinander verschlagen.

5 Dann die Zutaten aus der kleinen Schüssel hinzufügen und nur leicht unterheben. Anschließend die Masse in gefettete Muffinförmchen geben und bei 200 °C 15-20 Minuten backen.

6 Für den Zucchinispiegel die halbe Zucchini waschen und in kleine Würfel schneiden, den Ricotta und den Dill in ein hohes Gefäß geben und alles zusammen pürieren. Mit Salz und Pfeffer abschmecken. Auf dem Teller verteilen und jeweils einen heißen Muffin hineinsetzen. Zum Schluss ein wenig Parmesan darüberhobeln.

Hierzu passt ein roter Dolcetto oder einen Nebbiolo d'Alba. Oder aber – wenn Sie Weißwein servieren möchten – ein kräftiger und gehaltvoller Chardonnay aus der neuen Welt.

Dreierlei gefüllte Ravioli in Salbeibutter

Für den Nudelteig

500 g Mehl
5 Eier
ca. 150 ml Wasser

Für die Trüffelfüllung

1 Packung Ricotta
1 kleiner eingelegter Trüffel
Salz, Pfeffer

Für die Steinpilzfüllung

200 g Steinpilze
1 Bund glatte Petersilie
Salz, Pfeffer

Für die Spinatfüllung

1 Stück Gorgonzola (ca. 125 g)
500 g Blattspinat, tiefgekühlt
Salz, Pfeffer

Eigelb zum Bestreichen
ca. 100 g Butter
1 Bund frischer Salbei

1 Zunächst den Nudelteig herstellen, indem man das Mehl, die Eier und das Wasser zu einem geschmeidigen Teig verarbeitet. Diesen anschließend 1 bis 2 Stunden kalt stellen.

2 Für die erste Füllung den Trüffel reiben. Den Ricotta mit dem Trüffel mischen und mit Salz und Pfeffer abschmecken.

3 Für die zweite Füllung die Steinpilze säubern (siehe S. 100) und die Petersilie waschen und trocknen. Pilze und Petersilie klein schneiden und in einer Pfanne andünsten. Danach mit Salz und Pfeffer würzen.

4 Für die dritte Füllung den Spinat auftauen lassen und mit dem Gorgonzola mischen. Ebenfalls mit Salz und Pfeffer würzen.

5 Jetzt den kalten Teig ausrollen und Kreise oder Vierecke von ca. 4-5 Zentimeter Durchmesser ausstechen. Dann eine Hälfte der Teigkreise mit den jeweiligen Füllungen belegen und die noch freien Teigkreise darüber klappen. Die Ränder mit Eigelb bestreichen und mit einer Gabel fest zusammendrücken und fixieren.

6 Nun Wasser zum Kochen bringen, salzen und anschließend vom Herd nehmen. Dann die Nudeln hineingeben und diese 3 bis 7 Minuten im Wasser ziehen lassen, bis sie an der Oberfläche schwimmen. Zum Schluss absieben und die Nudeln in Butter und frischem Salbei schwenken. Sofort servieren.

Eine Beerenauslese passt perfekt zu diesem Dessert.

Feigen-Walnuss-Kuchen und Honigeis

Für den Feigen-Walnuss-Kuchen

100 g Butter
150 g getrocknete Feigen
60 g Walnusskerne
Butter zum Einfetten
4 große Eier
100 g Zucker
1 TL Vanilleessenz
125 g Mehl
1,5 TL Backpulver
1 TL Fenchelsamen
60 g Walnusskerne, halbiert

Für das Honigeis

4 Eigelb
120 g Tannenhonig
250 ml Milch
250 ml Sahne

1 Für den Feigen-Walnuss-Kuchen den Backofen auf 180 °C vorheizen. 100 g Butter zerlassen und zum Abkühlen zur Seite stellen.

2 Feigen und Walnüsse hacken und mischen. Eine Springform von 23 cm Durchmesser mit Butter einfetten. Feigen und Walnüsse auf dem Boden der Form verteilen. Eier und Zucker cremig schlagen und dann die zerlassene Butter sowie die Vanilleessenz einrühren. Mehl mit Backpulver mischen und nach und nach zur Eimischung geben, bis ein dickflüssiger Teig entsteht. Nun den Fenchelsamen einrühren.

3 Den Teig über die Walnuss-Feigen-Mischung in die Form gießen und das Ganze ca. 30 Minuten backen. Den Kuchen 20 Minuten auskühlen lassen, dann mit den übrigen halben Walnüssen garnieren und diese senkrecht in den Kuchen stecken.

4 Für das Honigeis Eigelb und Honig dick und cremig schlagen. Milch und Sahne aufkochen und unter ständigem Schlagen in die Eimischung einrühren. Creme im Topf auf kleinster Stufe unter weiterem Rühren erneut erhitzen, bis sie andickt und glatt wird. Durch ein feines Sieb in eine Schüssel geben und erkalten lassen.

5 Zum Schluss das Ganze in einer Eismaschine gefrieren lassen. Wenn Sie keine Eismaschine haben, füllen Sie das Gemisch in eine Metallschüssel, stellen es ins Gefrierfach und rühren die Masse von Zeit zu Zeit um, damit sich keine Eiskristalle bilden. Am besten lassen Sie es über Nacht gefrieren.

6 Den Kuchen aufschneiden und mit Eiskugeln anrichten.

Menü 2

Linsenbällchen mit Joghurt-Koriander-Dip
Zucchini unter Nuss-Käsekruste
Mango-Shrikand an Kardamom und Pistazien

Das kann vorbereitet werden

Die Linsenbällchen formen und den Joghurt-Dip anrühren. Sauce kochen, Nuss-Käsekruste mischen und die Zucchini damit füllen. Die Mangos schälen, entsteinen und pürieren.

Timing

Auch dieses Menü ist leicht zu planen. Die Vorspeise lässt sich vorbereiten und muss erst nach dem Eintreffen der Gäste frittiert werden. Der Hauptgang kann vor dem Servieren der Vorspeise in den Ofen geschoben werden, und die Hirse-Beilage quillt ganz ohne Ihr Zutun. Nur das Dessert sollte ganz frisch zubereitet werden. Dafür benötigen Sie aber nicht viel Zeit, versprochen!

So geht's

Achten Sie beim Frittieren darauf, dass das Fett heiß genug ist, und lassen Sie die Linsenbällchen nicht zu lange darin, damit sie nicht verbrennen. Danach gut abtropfen lassen, nicht ungeduldig sein! Nichts ist schlimmer als Frittiertes, das noch vor Fett trieft.

Rote Linsen müssen vorher nicht eingeweicht werden, sondern können gleich gekocht werden. Da die Linsen anschließend püriert werden, müssen Sie auch nicht auf Bissfestigkeit achten – sonst immer eine heikle Angelegenheit bei diesen Hülsenfrüchten.

Es ist eine unerfreuliche Arbeit, die kleinen Häutchen von jeder einzelnen Knoblauchzehe zu pulen. Das geht leichter, wenn Sie die ungeschälten Zehen vorher zwischen den Handflächen rollen. Die Schale springt auf und lässt sich dann leichter entfernen.

Kaufen Sie nur Mangos, die bei Fingerdruck leicht nachgeben und gut duften. Grüne Früchte reifen nicht mehr richtig nach. Und solche mit schwarzen Stellen sind schon überreif. Schneiden Sie das Fleisch auf zwei Seiten nahe am Stein ab. Ein guter Trick ist auch der »Mango-Igel«: Schneiden Sie die Frucht in zwei Hälften und entfernen Sie den Stein. Dann schneiden Sie das Fleisch in der Schale so ein, dass Würfel entstehen, und stülpen dann die Schale um. Jetzt lässt sich das Fruchtfleisch ganz leicht – und sauber! – von der Schale lösen.

Wenn's wirklich perfekt sein soll

Hirse schmeckt leicht nussig und passt daher hervorragend als Beilage zu diesem Gericht. Ihre herausragende Eigenschaft ist ihre unglaubliche Quellfähigkeit – eine kleine Handvoll ergibt zusammen mit der richtigen Menge Wasser eine Portion, die einen hungrigen Hochleistungssportler ernährt.

Nicht vergessen!

Hirse braucht viel Wasser, um zu quellen. Eventuell muss nachgegossen werden.

Hierzu empfehlen wir einen kräftigen Riesling, der dem Koriander standhalten kann.

Linsenbällchen mit Joghurt-Koriander-Dip

250 g rote Linsen
750 ml Wasser
2 rote Chilischoten
1 Stange Zitronengras, grob gehackt
2 Knoblauchzehen, gehackt
1 kleine Zwiebel, gehackt
1 Msp. Kreuzkümmel
1 EL Mehl
Salz

1 Schalotte, gewürfelt
1 Töpfchen frischer Koriander
200 g Vollmilch-Joghurt
50 g Kokosmilch
Chilipulver
1 EL Sesamöl
Öl zum Frittieren
Kokosnusshobel/Kokosnusschips

1 Linsen in 750 ml Wasser ca. 20 Minuten garen. Anschließend gut ausdrücken! Die Masse darf nur noch leicht feucht sein, damit der Teig sich später formen lässt. Etwas abkühlen lassen. Inzwischen Chilischoten waschen und den Stielansatz abschneiden. Schoten aufschneiden, die Kerne entfernen und in kleine Streifen schneiden. Zitronengras waschen, oberes Ende großzügig, unteres knapp abschneiden. Anschließend grob hacken.

2 Knoblauch und Zwiebel schälen und in Stücke schneiden. Nun Linsen, Chili, Zitronengras, Knoblauch, Zwiebel und Kreuzkümmel im Mixer oder in der Küchenmaschine fein pürieren. Mehl unterrühren und mit Salz würzen. Aus dem Teig 20 kleine Bällchen formen, dabei die Hände immer wieder anfeuchten. Wenn der Teig sich nicht formen lässt, weil er zu feucht ist, Semmelbrösel untermischen. Die Bällchen beiseite stellen.

3 Die Schalotte schälen und fein würfeln. Ein wenig Koriander für die Dekoration beiseite legen. Den restlichen Koriander waschen, trocken tupfen und hacken. Joghurt, Kokosmilch und Schalotte pürieren. Mit Salz, Chilipulver und Sesamöl abschmecken. Koriander unterrühren.

4 Jetzt reichlich Öl in einem Topf erhitzen. Linsenbällchen darin portionsweise goldbraun frittieren. Auf Küchenpapier abtropfen lassen. Linsenbällchen und Joghurt-Koriander-Dip anrichten. Mit Koriander und Kokosnusshobel garniert servieren.

Hierzu passt ein Weißherbst oder ein frischer Rosé.

Zucchini unter Nuss-Käsekruste

Für die Zucchini

ca. 875 g reife Tomaten
300 g Zwiebeln
5 Knoblauchzehen
2,5 EL Tomatenmark
5 EL Sahne
1 3/4 TL Oregano, getrocknet
5 TL Thymianblättchen
3 TL gekörnte Gemüsebrühe
Olivenöl zum Einfetten
75 g Allgäuer Emmentaler
75 g Haselnüsse
125 g Gorgonzola
etwas Petersilie
3 EL Olivenöl
800 g mittelgroße Zucchini
1/2 TL Kräutersalz
1/2 TL edelsüßes Paprikapulver
1/2 TL rosenscharfes Paprikapulver
Vollkornbrösel
etwas Petersilie

Für die Hirse

700 ml Wasser
5 TL gekörnte Gemüsebrühe
325 g Hirse
50 g Butter
glatte Petersilie zum Garnieren

1 Den Backofen auf 200 °C vorheizen.

2 Die Tomaten waschen, Stielansätze entfernen und das Fruchtfleisch würfeln. Die Hälfte der Zwiebeln schälen, fein hacken und beides in eine Schüssel geben. 2 1/2 geschälte Knoblauchzehen dazupressen. Das Tomatenmark, die Sahne, den Oregano, den Thymian und die gekörnte Brühe unterrühren.

3 Eine große Backform mit Olivenöl einfetten und die Tomatenmischung darin verteilen. Die restlichen Zwiebeln und den Emmentaler Käse grob zerkleinern und in den Blitzhacker füllen oder mit einem Messer sehr fein zerhacken. Die Nüsse und die restlichen geschälten Knoblauchzehen dazugeben und alles mittelfein hacken. Den Gorgonzola und die grob zerkleinerte Petersilie hinzufügen und alles zu einer homogenen Creme verarbeiten. Zum Schluss 3 EL Olivenöl daruntermixen.

4 Die Zucchini in 8 etwa 1,5 cm dicke Stücke schneiden. Das Kräutersalz und beide Paprikapulversorten in einer Tasse mischen, die Zucchini mit der Käsecreme bestreichen und sparsam mit den Vollkornbröseln und der Paprikapulver-Mischung bestreuen. Die Zucchinistücke in die Form setzen, und – sobald die Hirse vorbereitet ist – in den Backofen (mittlere Schiene) schieben. Dann 30 Minuten backen, bis die Käsekruste hellbraun ist. Jedes Stück mit Petersilie garnieren.

5 Für die Hirse das Wasser mit der gekörnten Brühe aufkochen. Die Hirse in einem Sieb abspülen und in die kochende Brühe geben. 3-5 Minuten kochen lassen. Dann den geschlossenen Topf neben die Backform in den Backofen stellen und 30 Minuten ausquellen lassen. Den Topf aus dem Backofen nehmen und die Hirse offen kurz ausdampfen lassen. Die Butter in Flöckchen darüber verteilen und die Hirse vorsichtig mit einer Gabel auflockern.

6 Hirse und Zucchini auf Tellern anrichten. Das Gericht mit Petersilie garniert servieren.

Hier passt ein Chai-Tee hervorragend. Aber auch der Wein aus der Hauptspeise eignet sich.

Mango-Shrikand an Kardamom und Pistazien

Für das Mango-Shrikand

400 g Sahnequark
4 EL Zucker
4 Msp. Vanillepulver
1 TL Zitronensaft
Kardamom nach Geschmack
2 reife Mangos
400 ml Sahne
Mandelblättchen oder gehackte Pistazien

Für den Chai-Tee

1 kl. Stück Ingwer (ca. 3 cm)
4 Kardamonkapseln
6 Nelken
750 ml Wasser
6 TL schwarzer Tee, gekocht
500 ml Milch, nach Geschmack
6 TL Kandis

1 Den Sahnequark mit dem Zucker, der Vanille, dem Zitronensaft und dem Kardamom gut verrühren. Die Mangos schälen, entsteinen, ein wenig vom Fruchtfleisch zurücklegen, den Rest pürieren. Das Mangomus in den Quark rühren und alles gut vermischen. Zum Schluss die Sahne schlagen und behutsam unterziehen.

2 Den Quark mit Mangostückchen und gerösteten Mandelblättchen und/oder gehackten Pistazien garnieren.

3 Für den Chai-Tee den Ingwer schälen und reiben, zusammen mit den Gewürzen ohne Fett in einem Topf kurz rösten. Wasser hinzufügen und zum Kochen bringen. Den schwarzen Tee dazugeben und ca. 3 Minuten weiterkochen. Milch und Kandiszucker unter Rühren in den Tee geben und weitere 2 Minuten zugedeckt auf leichter Flamme durchziehen lassen. Den Gewürztee durch ein feines Sieb gießen und in Teegläsern servieren.

Ein Chai-Tee ist ein weißer Schimmel: Chai heißt nämlich Tee. Aber da sich viele Menschen nun mal an Chai-Tee gewöhnt haben, sollte man ihnen den Spaß daran nicht verderben.

Menü 3

Frischer Fenchelsalat
Spinatstrudel mit Schafskäse und Pinienkernen
Zimtparfait auf Mangospiegel

Das kann vorbereitet werden

Fenchel hobeln und marinieren. Strudelfüllung herstellen und ziehen lassen. Zimtparfait rechtzeitig in die Kühltrühe stellen!

Timing

Das Zimtparfait kann vorbereitet werden und nimmt es Ihnen nicht übel, wenn das schon am Abend vorher geschieht.

Den Fenchelsalat sollten Sie schon am Nachmittag vorbereiten, denn er muss gut durchziehen. Der Strudel kann schon vor dem Eintreffen der Gäste eingerollt werden und darauf warten, in den Ofen geschoben zu werden. Denken Sie daran, das auch rechtzeitig zu tun, denn er benötigt 30-35 Minuten, bis er goldbraun gebacken ist. Alles in allem also wieder einmal ein unkompliziertes Menü, das Ihnen viel Zeit für Ihre Gäste lässt!

So geht's

Die Filoteigblätter, ob tiefgefroren oder nicht, finden Sie beim türkischen Lebensmittelhändler. Dort sind sie viel feiner und dünner als der Blätterteig in deutschen Tiefkühlregalen.

Nicht vergessen!

Die Pinienkerne in der Pfanne rechtzeitig wenden, sie verbrennen sonst sehr schnell.

Der aromatische, warme und zugleich ein wenig bittere Geschmack der Muskatnuss passt perfekt zu der orientalischen Note des Hauptgangs. Greifen Sie nicht auf Muskatpulver zurück, sondern kaufen Sie ganze Muskatnüsse, die Sie bei Bedarf frisch reiben. Die Investition lohnt sich, denn Muskatnuss passt nicht nur zu vielen herzhaften Gerichten, sondern auch zu Süßspeisen wie Milchreis oder Obst. Sie halten sich über Monate und Jahre. Kaufen Sie eine spezielle Muskatnussreibe, die das Aroma beim Reiben richtig zur Geltung bringt.

Wenn's wirklich perfekt sein soll

Beim Kauf sollten die Fenchelknollen dick, rund, weiß und fest sein. Gelbliche Verfärbungen deuten darauf hin, dass das Gemüse bereits zu lange gelagert wurde. Im Gemüsefach bleibt der Fenchel lange frisch und knackig, muss also nicht am Tag des Dinners gekauft werden!

Reichen Sie hierzu ruhig einen jungen, frischen Chardonnay aus dem Burgund. Fenchel verträgt einen konzentrierten Wein!

Frischer Fenchelsalat

3-4 Knollen Fenchel
2 EL Zitronensaft
Salz, Pfeffer
Parmesan

1 Fenchel waschen und den Strunk keilförmig ausschneiden. Das Grün entfernen, die Fenchelknollen halbieren und mittelfein hobeln.

2 Den Zitronensaft zugeben. Mit Salz und Pfeffer würzen. Den Parmesan reiben und daruntermischen. Mehrere Stunden ziehen lassen.

3 Den Fenchelsalat auf Tellern anrichten und mit etwas gehobeltem Parmesan servieren.

Servieren Sie hierzu einen Sancerre oder einen Pouilly Fumé von der Loire.

Spinatstrudel mit Schafskäse und Pinienkernen

1 kg frischer Spinat (oder 600 g Tiefkühlspinat)
150 g Zwiebeln
2 Knoblauchzehen
2 EL Butter
Salz, Pfeffer
frisch geriebene Muskatnuss
1 Beutel Pinienkerne
200 g Fetakäse
1 Prise Nelken
1 Prise Zimt
1 Prise Piment
1 Prise Koriander
1/2 TL gemahlener Kreuzkümmel
1 Ei
100 ml Sahne
1 Prise Ingwer
Butter zum Ausstreichen der Form
120 g Filoteigblätter (tiefgefroren)
3 EL Sesam

1 Backofen auf 200 °C vorheizen.

2 Spinat putzen und waschen, tiefgefrorenen auftauen. Zwiebeln und Knoblauch schälen, klein schneiden und in 2 EL Butter glasig schwitzen. Den Spinat zugeben und 5 Minuten bei geringer Hitze garen lassen, bis die Flüssigkeit verkocht ist. Rühren nicht vergessen! Mit Salz, Pfeffer und Muskatnuss würzen.

3 Die Pinienkerne in einer beschichteten Pfanne ohne Fett rösten, bis sie bräunen. Fetakäse würfeln und mit den Pinienkernen unter den Spinat rühren. Mit allen Gewürzen abschmecken. Ei und Sahne verrühren und mit Salz, Pfeffer, Muskatnuss und Ingwer würzen. Zum Spinat geben.

4 Eine feuerfeste Form mit Butter bestreichen. Den unaufgetauten Filoteig aus der Packung nehmen und die einzelnen Stücke mit zerlassener Butter bestreichen – jedoch nicht zu dick! Die Spinatmasse jeweils im unteren Drittel zu gleichen Teilen auf den Teigstücken verteilen! Die Teigfladen aufrollen oder umschlagen, die Enden einschlagen und in die Backform legen.

5 Die Strudel mit zerlassener Butter bestreichen, mit Sesam bestreuen und mit der Eier-Sahne-Mischung übergießen. Im Backofen 30 bis 35 Minuten goldbraun backen.

Hervorragend passt ein frischer Cremant.

Zimtparfait auf Mangospiegel

Für das Zimtparfait

1 Vanilleschote
1/4 l Milch
5 Eigelb
150 g Zucker
350 ml Sahne
2 TL Zimt
Klarsichtfolie

Für den Mangospiegel

1-2 reife Mangos
etwas Sahne zum Verdünnen

1 Die Vanilleschote halbieren und das Mark herauskratzen. Milch in einem Topf mit dem Mark erhitzen. Anschließend vom Herd nehmen.

2 Nun die 5 Eigelb mit dem Zucker schaumig schlagen. Danach vorsichtig die Eigelbmasse unter die Vanillemilch heben und abkühlen lassen. Mehrfach rühren, damit sich keine Haut bildet. Die Sahne mit dem Zimt steif schlagen und langsam unter die Milch-Ei-Masse heben.

3 Eine längliche Backform mit Klarsichtfolie auslegen und die Masse einfüllen. Anschließend in den Gefrierschrank stellen.

4 Die Mangos schälen und klein schneiden, einige Scheiben beiseite legen. Mit einem Pürierstab die Mangostückchen pürieren und etwas Sahne dazugeben – je nach Flüssigkeitsbedarf.

5 Zum Servieren die Mangomasse jeweils auf einem Teller als Spiegel anrichten. Darauf das in Scheiben geschnittene Parfait anrichten. Mit Zimt bestreuen. Mangoscheiben dazu anrichten.

Zimtstangen sind gerollte Stücke von der Rinde des Zimt-Baumes. Der beste Zimt kommt aus Ceylon. Der aus China stammende Cassia-Zimt gilt gesundheitlich als bedenklich. Natürlich ist der Ceylon-Zimt teurer, aber irgendwo muss man sein vieles Geld schließlich loswerden.

Menü 4

Möhren-Mango-Suppe
Estragon-Risotto mit grünem Spargel
Zitronenpolentakuchen

Das kann vorbereitet werden

Die Suppe kann so vorgekocht werden, dass nur noch der Limettensaft zugefügt werden muss. Leider lässt sich beim Risotto nichts vorbereiten ... Dafür schmeckt es aber köstlich! Den Teig für den Kuchen können Sie anrühren.

Timing

Risotto in einer Menüfolge ist eine heikle Angelegenheit. Es lässt sich schlecht vorbereiten, denn es muss ganz frisch auf den Tisch kommen. Sonst wird's klebrig. Um das zu verhindern, muss man es mit Argusaugen überwachen und ständig mit dem gezückten Löffel Wache stehen, bereit im richtigen Moment umzurühren. Sonst setzt sich Stärke am Boden ab, und das darf einem guten Risotto nicht passieren! Also, machen Sie es wie die Italiener, denn dort sagt man: Die Gäste müssen aufs Risotto warten und nicht umgekehrt.

Die Suppe der Vorspeise allerdings lässt sich sehr gut vorbereiten und muss dann kurz vor dem Servieren noch einmal erhitzt werden.

Da der Kuchen warm serviert werden soll, muss er am Abend der Einladung gebacken werden. Aber die Zubereitung ist so einfach, dass Sie sich ihn ruhig auch noch nach einem Risotto zutrauen dürfen, denn er rundet dieses Menü perfekt ab.

Nicht vergessen!

Den Sirup für das Dessert rechtzeitig eindicken lassen.

So geht's

Vorsicht bei der Vorspeise. Mit der Limette kann man die Suppe schnell übersäuern. Lieber erst nach dem Abschmecken je nach gewünschtem Geschmack ein bisschen Saft nachgeben.

Man kann es nicht oft genug sagen: Ein Risotto will gerührt werden! Nehmen Sie diesen Ratschlag nicht auf die leichte Schulter, denn sonst setzt sich die Stärke am Topfboden ab und das mag kein Risotto. Und noch weniger Ihre Gäste.

Grüner Spargel ist nachsichtiger als der weiße. Zum Beispiel nimmt er es Ihnen nicht übel, wenn Sie ihn nach dem Garen – aber nicht zu lange! – warm stellen.

Wenn's wirklich perfekt sein soll

Möhren werden unterschätzt. In Plastikbeuteln gibt es sie in großen Mengen in Supermärkten zu kaufen und kaum jemand achtet noch auf die Qualität. Dabei kann dieses ansonsten sehr aromatische, süß schmeckende Gemüse in minderwertiger Qualität oft fad und sogar bitter schmecken! Möhren müssen knackig sein. Sind sie von gummiartiger Konsistenz, lassen Sie sie besser liegen. Wenn Sie Möhren im Gemüsefach lagern, nehmen Sie die armen Dinger vorher aus dem Plastikbeutel, ansonsten »schwitzen« sie sich zu Tode.

Vanilleschoten werden gelb und unreif gepflückt und erst beim Trocknen dunkelbraun. Sie sollten beim Kauf darauf achten, dass die Schoten weich und gerippt und mit feinen Kristallen – dem Vanillin – überzogen sind.

Rühren, rühren, rühren. So gelingt das Risotto

Für eine Vorspeise rechnet man 50 g, für eine Hauptspeise 100 g Reis pro Person.

Zwiebeln, Schalotten etc. und Reis beim Andünsten ständig umrühren, damit jedes Korn gut von Öl oder Butter umhüllt wird.

Die heiße(!) Brühe immer dann zugeben, wenn die Flüssigkeit vollständig aufgesogen ist. Das Risotto sofort servieren. Der Reis quillt nach und ein gutes Risotto muss immer schön cremig sein.

Dazu passt ein pikanter Sauvignon Blanc, zum Beispiel von der Loire. Zu dieser leicht scharfen Suppe könnten Sie auch einmal einen Muskateller oder eine Scheurebe probieren!

Möhren-Mango-Suppe

750 g Möhren
ein daumengroßes Stück Ingwer
2 Zwiebeln
Öl zum Anbraten
3/4 l Gemüsebrühe
1 Mango
1 Dose Kokosmilch, ungesüßt
1 rote Chilischote
1 Limette
1 Bund Frühlingszwiebeln

1 Die Möhren waschen, schaben und in kleine Stücke schneiden. Den Ingwer schälen und hacken, die Zwiebeln schälen und fein würfeln. Möhren, Ingwer und Zwiebeln in Öl andünsten.

2 Brühe dazugießen und ca. 10 Minuten köcheln lassen, bis das Gemüse weich ist.

3 Nun die Mango schälen und das Fruchtfleisch würfeln. Dann das Mangofleisch in die Möhrenbrühe geben und mit dem Stabmixer alles pürieren.

4 Danach die Kokosmilch unterrühren und die in der Mitte durchgeschnittene Chilischote dazugeben (je nach gewünschter Schärfe Kerne aus der Schote nehmen). Das Ganze einmal aufkochen lassen.

5 Kurz vor dem Servieren die Limette pressen und den Saft zur Suppe geben. Die Chilischote herausnehmen. Frühlingszwiebeln putzen und in Ringe schneiden. Zum Servieren die Suppe mit den Frühlingszwiebeln bestreuen.

Servieren Sie hierzu einen leichten Riesling.

Estragon-Risotto mit grünem Spargel

1 1/2 kg grüner Spargel
2 große Fleischtomaten
2 Schalotten
2 Zweige frischer Estragon
5 El Olivenöl
1/2 l Wasser
Salz
500 g italienischer Risotto-Reis
300 ml trockener Weißwein
1 l Gemüsebrühe aus dem Glas
80 g Parmesan

1 Den Spargel gut waschen und die harten, etwas holzigen Enden abschneiden. Die Köpfe etwa 6 cm lang, die übrigen Teile ca. 4 cm lang zuschneiden. Die Fleischtomaten mit heißem Wasser überbrühen, häuten und entkernen, dann in kleine Würfel schneiden. Schalotten schälen und klein würfeln. Estragon waschen, trocken tupfen und die Blätter vom Stängel zupfen. Tomatenwürfel und Estragon beiseite stellen.

2 Gemüsebrühe in einem Topf erhitzen.

3 In einem Topf die Hälfte des Olivenöls erhitzen und die Schalotten darin glasig dünsten. Die unteren Teile der Spargelstangen hinzufügen und alles mit kochendem Wasser überbrühen, bis er knapp bedeckt ist. Leicht salzen. Die Spitzen erst 3 Minuten später hinzufügen, damit sie nicht zu weich werden! Das Ganze etwa 7 Minuten gut kochen lassen. Wenn der Spargel gar ist – aber noch Biss hat – in ein Sieb gießen und den Spargelsud auffangen.

4 In einem zweiten Topf das restliche Olivenöl erhitzen und darin den Reis unter ständigem Rühren glasig werden lassen. Mit dem Weißwein ablöschen und die erhitzte Gemüsebrühe nach und nach aufgießen. Anschließend immer wieder so viel Spargelsud dazugeben, dass der Reis gerade gut bedeckt bleibt. Rühren! Im geschlossenen Topf ca. 12 Minuten garen. Dabei immer wieder umrühren.

5 Den Parmesan reiben und etwa 2/3 der Masse unterrühren. Spargel sowie die Tomatenwürfel und Estragonblätter vorsichtig unterheben. Nochmals 3-5 Minuten ziehen lassen.

6 Das Risotto sehr heiß in tiefen Tellern servieren und mit dem restlichen frisch geriebenem Parmesan überstreuen.

Servieren Sie zu diesem Dessert den Wein der Hauptspeise.

Zitronenpolentakuchen

Für den Teig

175 g Butter
175 g Zucker
125 g Mandeln, gemahlen
50 g Mandelblätter
1 Vanilleschote
2 Eier
geriebene Schale und Saft von einer Zitrone
75 g Maismehl
1/2 TL Backpulver
etwas Sahne

Für den Sirup

Geriebene Schale und Saft von 2 Zitronen
50 g Zucker
2 EL Wasser

1 Den Backofen auf 180 °C vorheizen.

2 Butter und Zucker cremig schlagen. Gemahlene Mandeln und Mandelblättchen zugeben, Vanilleschote auskratzen und ebenfalls zugeben. Alles vermengen. Anschließend die Eier unterrühren. Zitrone waschen, die Schale fein abreiben, den Saft auspressen und alles zum Teig geben. Maismehl und Backpulver zugeben und gut untermischen. Den Teig in eine mit Backpapier ausgelegte Form geben und etwa 25 Minuten backen.

3 Für den Sirup die Zitronen waschen, Schale abreiben und die Früchte auspressen. Zucker und Wasser in einem Topf erhitzen, den Zitronensaft und die -schale zugeben und leicht eindicken lassen. Den Sirup mit einem Löffel über dem Kuchen verteilen, sobald er aus dem Ofen kommt (der Kuchen soll den Sirup aufsaugen).

4 Den Kuchen heiß oder kalt mit Sahne servieren.

Bereits die Römer aßen eine Art Polenta, die aus Getreide hergestellt wurde – auf den heute verwendeten Maisgries musste die Menschheit warten, bis Kolumbus Amerika entdeckte. Aber die Geduld hat sich gelohnt!

Wer wagt, genießt: Köstliches aus aller Welt

Bei hochgezogenen Augenbrauen weiß man ja oft nicht: will der Brauenbesitzer Zweifel ausdrücken. Oder aber, und darum geht es in diesem Kapitel, sein überraschtes Wohlwollen. Denn genau das können Sie mit diesen Menüs erzeugen. Laden Sie Ihre Gäste ein zu einer köstlichen Weltreise: mit exotischen Zutaten, ungewöhnlichen Kombinationen und originellen Gerichten. Und falls ein Pärchen Augenbrauen eine halbe Stunde nach dem Dessert noch immer hochgezogen verharrt, dann hilft meist ein Schnäpschen aus heimischer Produktion.

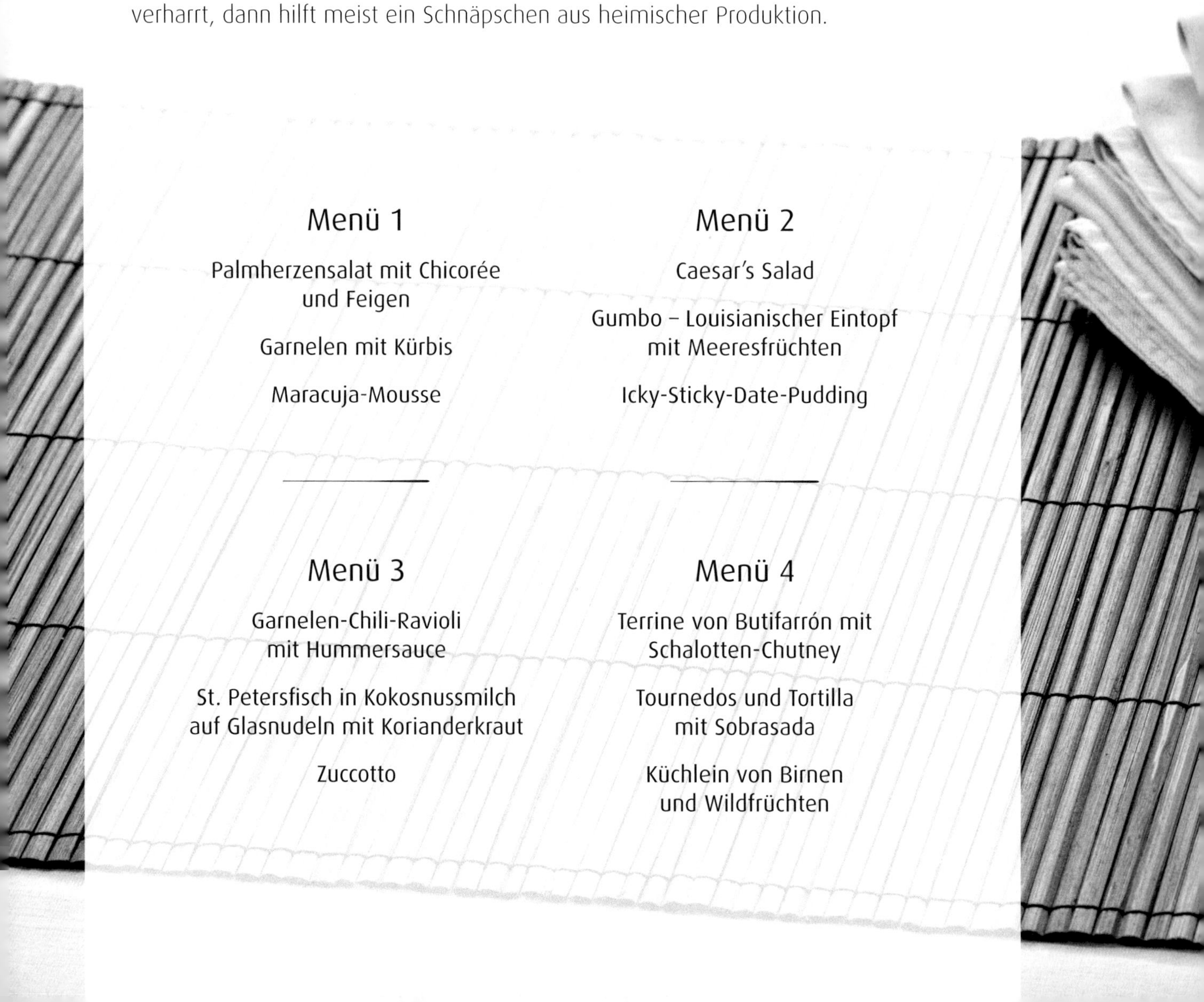

Menü 1

Palmherzensalat mit Chicorée und Feigen

Garnelen mit Kürbis

Maracuja-Mousse

Menü 2

Caesar's Salad

Gumbo – Louisianischer Eintopf mit Meeresfrüchten

Icky-Sticky-Date-Pudding

Menü 3

Garnelen-Chili-Ravioli mit Hummersauce

St. Petersfisch in Kokosnussmilch auf Glasnudeln mit Korianderkraut

Zuccotto

Menü 4

Terrine von Butifarrón mit Schalotten-Chutney

Tournedos und Tortilla mit Sobrasada

Küchlein von Birnen und Wildfrüchten

Menü 1

Palmherzensalat mit Chicorée und Feigen

Garnelen mit Kürbis

Maracuja-Mousse

Das kann vorbereitet werden

Den Parmesan schmoren und in Stücke schneiden. Kürbisse putzen, Kerne auskratzen und das Fruchtfleisch würfeln. Die Maracuja-Mousse zubereiten.

Timing

Die einzige Schwierigkeit an diesem Menü ist das Timing der Hauptspeise, denn sowohl der Kürbis als auch die Garnelen möchten auf den Punkt gegart sein. Sind sie verkocht, schmecken sie fade und – zumindest die Garnelen – trocken. Aber da die Vorspeise einfach und schnell zuzubereiten ist und das Dessert komplett vorbereitet werden kann, können Sie ohnehin Ihre ganze Aufmerksamkeit dem Hauptgang widmen.

So geht's

Achten Sie darauf, dass der Zucker beim Karamellisieren der Feigen nicht zu dunkel wird. Dann schmeckt er nämlich bitter. Heben Sie den Topf oder die Pfanne zwischendurch immer mal wieder an und schwenken Sie die Feigen im Saft.

Tomaten können ganz einfach entkernt werden: In der Mitte durchschneiden und mit der bloßen Hand über einem Topf auspressen. Wenn das Fleisch dabei ein wenig zerdrückt wird, ist das nicht schlimm, denn es wird ja später ohnehin verkocht. Wenn Sie auch den Saft verwenden möchten, gießen Sie das Ganze noch einmal durch ein Sieb.

Die meisten Kürbissorten müssen nicht geschält werden. Die Schale wird beim Garen genauso weich wie das Fruchtfleisch. Wenn es also nicht sein muss, dann tun Sie es auch nicht aus übertriebenem Perfektionismus, denn so ersparen Sie sich eine mühsame, unangenehme Arbeit!

Wenn's wirklich perfekt sein soll

Kokosmilch müssen Sie nicht unbedingt fertig in Dosen kaufen. Besser wird es, wenn Sie frische oder auch getrocknete Kokosnussraspel mit der gleichen Menge kochenden Wassers vermengen und die Mischung dann abkühlen lassen. Filtern Sie anschließend den Sud durch ein Tuch. Gut ausdrücken!

Und noch ein Tipp: Wenn Sie keine Milch, sondern nur die Kokoscreme verwenden möchten, schöpfen Sie die Milch ab, die sich bei fertig gekauften Dosen oft über dem dickflüssigeren Rest absetzt. Den cremigen Satz verwenden Sie, wenn Sie einen intensiven Geschmack ohne viel Zusatz von Flüssigkeit möchten.

Nicht vergessen!

Das Dessert rechtzeitig aus dem Kühlschrank nehmen. Es kann sein Aroma sonst nicht entfalten.

Reichen Sie hierzu einen frischen Cremant d'Alsace.

Palmherzensalat mit Chicorée und Feigen

Für den Salat

400 g Palmherzen (aus der Dose)

2 Chicorées

4 Feigen

100 g Zucker zum Karamellisieren

1 Bund Rucola

Für das Dressing

30 ml Gemüsefond

15 ml Olivenöl

1 TL Senf

1 TL Honig

Salz, schwarzer Pfeffer

Für die Dekoration

50 g Parmesan

1 Die Palmherzen abgießen und in dünne Scheiben schneiden. Chicorée putzen, einige Blätter für die Garnitur beiseite legen, das Übrige ebenfalls in dünne Scheiben schneiden.

2 Die Feigen mit dem Zucker in einem Topf oder einer Pfanne karamellisieren. Rucola waschen, trocken tupfen und mit den übrigen Zutaten auf Tellern anrichten.

3 Für das Dressing den Gemüsefond, Olivenöl, Senf, Honig, Salz sowie Pfeffer verrühren und 20 Minuten ziehen lassen.

4 Den Parmesan reiben und in einer beschichteten Pfanne goldgelb schmoren. Kalt stellen und anschließend in Stücke schneiden. Zum Servieren das Dressing und die Parmesanstücke über den Salat geben.

Hierzu passt ein Riesling Spätlese von der Loire oder ein kräftiger Gewürztraminer.

Garnelen mit Kürbis

- 1 kg Garnelen, geschält und ohne Darm
- Saft von 1 Zitrone
- Salz, Pfeffer
- 1 Zwiebel
- 700 g weichfleischiger Kürbis
- 500 g festerer Kürbis
- 2 Tomaten
- 1 Bund Koriander
- 1 Bund Petersilie
- 1 Bund Schnittlauch
- Olivenöl zum Andünsten
- 200 ml Schlagsahne
- 1 Packung Sahne-Schmelzkäse (200 g)
- 1 EL Butter
- 2 Lorbeerblätter
- 400 ml Kokosmilch (aus der Dose)

Für den Reis

- 500 g Basmatireis
- Öl zum Anbraten
- 3 Knoblauchzehen
- warmes Wasser

1 Die Garnelen etwa 10 Minuten in Zitronensaft, Salz und Pfeffer marinieren.

2 Zwiebel schälen und fein hacken. Den weichfleischigen Kürbis würfeln. Die Tomaten waschen und entkernen (siehe S. 130). Kräuter waschen, trocken tupfen und hacken. Zwiebel in Olivenöl andünsten. Dann die Kürbiswürfel, Tomaten, die Hälfte der gehackten Kräuter, Schlagsahne, Schmelzkäse, Butter und Lorbeerblätter dazugeben und unter ständigem Rühren aufkochen lassen.

3 Den festen Kürbis würfeln, hinzufügen und leicht kochen lassen, bis er durch, aber noch bissfest ist. Dann die übrigen Kräuter hinzufügen.

4 Zum Schluss die Kokosmilch und die marinierten Garnelen dazugeben. Die Garnelen dürfen höchstens 3 Minuten kochen.

5 Für die Beilage den Reis zusammen mit etwas Öl und dem geschälten, gehackten Knoblauch in einer Pfanne kurz anbraten. Dann so viel warmes Wasser dazugeben, dass der Reis fingerbreit bedeckt ist. Kochen lassen, bis das Wasser vom Reis aufgenommen wurde. Anschließend bei geringer Hitze mit geschlossenem Deckel ca. 15 Minuten köcheln lassen.

6 Den Eintopf zusammen mit dem Reis in einem tiefen Teller anrichten.

Trinken Sie zu diesem Dessert den Wein der Hauptspeise.

Maracuja-Mousse

1 Blatt Gelatine
600 ml Wasser
1 Tasse Maracujasaft
1 Dose gezuckerte Kondensmilch (400 ml)
200 ml Schlagsahne

1 Gelatine in einem Topf mit kaltem Wasser 10 Minuten quellen lassen. Dann auf den Herd stellen und bei geringer Hitze auflösen. Anschließend abkühlen lassen.

2 In einer Schüssel den Maracujasaft mit der Kondensmilch vermischen. Einen kleinen Teil von dieser Mischung anwärmen und die gelöste Gelatine einrühren. Dann erst zu dem restlichen Saft-Kondensmilch-Gemisch geben. Die Sahne schlagen und unterheben.

3 Die Mousse in Schälchen füllen und in den Kühlschrank stellen. 20 Minuten vor dem Verzehr aus dem Kühlschrank nehmen.

4 Auf einen Teller stürzen und servieren.

Die Maracuja gehört zur Gattung der Passionsblumen. Und diese kamen zu ihrem Namen, weil ihre schönen Blüten gleich mehrere Symbole für die Passion Christi enthalten, darunter die Dornenkrone und die Kreuznägel. Bleiben Sie lieber bei Rosen.

Menü 2

Caesar's Salad
Gumbo – Louisianischer Eintopf mit Meeresfrüchten
Icky-Sticky-Date-Pudding

Das kann vorbereitet werden

Salat waschen und in Stücke zupfen. Zutaten waschen, putzen, schneiden und hacken. Den Eintopf ca. 1/2 Stunde vor dem Eintreffen der Gäste aufsetzen. Den Pudding backen.

Timing

Vorspeise und Dessert dieses Menüs können sehr gut vorbereitet werden. Lediglich die Saucen und Beilagen müssen frisch zubereitet werden. Dasselbe gilt unbedingt für die Croûtons des Salats. Geröstete Brotstückchen, die kalt serviert werden, gehören nicht zu einem perfekten Dinner!

Den Eintopf sollten Sie nicht vorbereiten und wieder aufwärmen, da sonst die Garnelen trocken werden. Bedenken Sie dabei, dass er insgesamt 2 Stunden köcheln muss. Also, rechtzeitig auf die Herdplatte setzen!

So geht's

So bereiten Sie Okras vor: Wischen Sie die Schoten mit einem feuchten Tuch ab und lassen Sie sie vollständig trocknen, bevor Sie sie schneiden. So kann die Flüssigkeit nicht austreten. Dann entfernen Sie den Stielansatz und die kleine, dünne Spitze, die sich auch einfach mit den Fingern abbrechen lässt.

Nicht vergessen!

Lassen Sie die Croûtons für den Salat gut abtropfen, damit sie nicht zu fettig serviert werden.

Aromatische Tomaten sind nicht leicht zu finden, vor allem nicht zu jeder Jahreszeit. Selbstverständlich können Sie auf die Dosenvariante zurückgreifen, was oftmals besser ist, als sich mit faden Tomaten zufrieden zu geben, die den Geschmack des Gerichtes verderben können. Sind Sie jedoch fündig geworden: Glückwunsch! Jetzt dürfen Sie jede einzelne Tomate enthäuten und entkernen! So geht's schnell und einfach: Die Tomaten kreuzförmig ein-schneiden und kurz – etwa 10 Sekunden lang – in kochend heißes Wasser geben. Dann schrecken Sie die Tomaten unter kaltem Wasser ab und ziehen die Schale ab. (Vorsicht, die Tomaten müssen erst ein wenig abkühlen, sonst verbrennen Sie sich leicht die Finger!) Zum Entfernen der Kerne schneiden Sie die Tomaten in der Mitte durch und drücken die Kerne vorsichtig heraus. Besonders hartnäckige Gesellen mit einem Löffel auskratzen.

Wenn's wirklich perfekt sein soll

Sie kennen keine Okras? Dann sollten Sie die Gelegenheit nutzen, dieses Gemüse in diesem köstlichen Lousianischen Eintopf zu entdecken. Okras sind etwa fingerdicke, spitz zulaufende grüne Schoten. Achten Sie beim Einkauf darauf, dass Sie möglichst kleine, feste Exemplare auswählen, denn: je kleiner, desto zarter. Auch die Samen kleiner Okras sind in der Regel feiner. Außerdem gilt hier, wie bei vielen anderen Gemüsesorten auch: je grüner, desto frischer. Vereinzelte kleine braune Stellen, die schnell bei der Lagerung entstehen, sind aber nicht störend.

Reichen Sie hierzu einen kalifornischen Chardonnay.

Caesar's Salad

1 Knoblauchzehe
4 Sardellenfilets
Saft von 1 Zitrone
2 TL mittelscharfer Senf
1 Eigelb
Pfeffer
200 ml Olivenöl
1 Romagnasalat
3 EL frisch geriebener Parmesan
3 Scheiben Bauernbrot
Pflanzenfett zum Anrösten

1 Für das Dressing den Knoblauch abziehen und fein hacken. Sardellenfilets in feine Würfel schneiden. Beides mit Zitronensaft, Senf und Eigelb in eine kleine Schüssel geben und mit Pfeffer würzen. Mit einem kleinen Schneebesen verrühren. Dabei langsam das Öl zugeben, bis eine dicke cremige Masse entstanden ist. Falls die Sauce zu dick wird, etwas Wasser zugeben.

2 Den Salat waschen, trocken schleudern und in Stücke zupfen. In eine große Schüssel geben, mit dem Dressing übergießen, 2 EL Parmesan darüberstreuen und alles gut vermischen.

3 Das Bauernbrot in Würfel schneiden. Fett in einer Pfanne erhitzen. Die Brotstückchen hineingeben und unter ständigem Wenden anrösten, bis sie goldbraun sind. Die Croûtons auf einen mit Küchenpapier ausgelegten Teller legen und abtropfen lassen.

4 Den Salat auf großen Tellern anrichten, mit dem restlichen Parmesan und den warmen Croûtons bestreuen und sofort servieren.

Hierzu passt ein gehaltvoller Pouilly Fumé.

Gumbo – Louisianischer Eintopf mit Meeresfrüchten

60 ml Pflanzenöl
30 g Weizenmehl
2 große Zwiebeln
500 g frische Okras
3 große Tomaten
5 EL Butter (80 g)
2 große grüne Paprikaschoten
4 Knoblauchzehen
1 1/4 kg Garnelen, geschält und ohne Darm
1 1/2 l Hühnerfond
1/2 l Wasser
2 EL getrocknete rote Chilischoten, zerstoßen
2 Lorbeerblätter
2 TL Worcestershiresauce
1 TL gemahlener Piment
1 TL frischer gehackter Thymian
Salz, Pfeffer aus der Mühle

Für den Reis

300 g Reis
Tabascosauce

1 Das Öl in einen kleinen Topf geben, das Mehl darin bei niedriger Temperatur unter Rühren so lange rösten, bis die Mehlschwitze, auch Einbrenne genannt, eine dunkle, rötlich braune Farbe annimmt. Darauf achten, dass sie nicht anbrennt. Beiseite stellen.

2 Zwiebeln abziehen und würfeln. Okras putzen und grob hacken. Tomaten enthäuten (siehe S. 138), entkernen und in Stücke schneiden. In einem flachen Bratentopf 3 EL Butter bei schwacher Temperatur erhitzen. Die Zwiebeln hinzufügen und 5 Minuten anbraten. Okras und Tomaten dazugeben und alles 30 Minuten im offenen Topf garen.

3 Paprikaschoten waschen, entkernen und in kleine Stücke schneiden. Knoblauchzehen abziehen und zerdrücken. Die verbliebenen 2 EL Butter in einer großen Pfanne bei schwacher Hitze zerlassen. Paprika und Knoblauch dazugeben, 8 Minuten braten, die Garnelen hinzufügen und 3 Minuten mitgaren. Das Ganze zusammen mit dem Hühnerfond, Wasser, zerstoßenen Chilis, Lorbeerblättern, Worcestershiresauce, Piment, Thymian und der erkalteten Einbrenne in den Topf zu den Tomaten und Okras geben. Zum Kochen bringen, dann die Hitze reduzieren und halb zugedeckt 1 1/2 Stunden köcheln lassen. Anschließend die Lorbeerblätter entfernen. Mit Salz und Pfeffer abschmecken.

4 Für die Beilage den Reis nach Packungsanleitung zubereiten.

5 Den Eintopf mit dem gekochten Reis servieren. Zum Würzen bei Tisch Tabascosauce reichen.

Gumbo ist übrigens nichts anderes als der afrikanische Name für Okra-Schoten. Ihr Job im Gumbo ist neben dem guten Geschmack die Verbesserung der Sämigkeit.

Servieren Sie zu diesem Dessert einen Kaffee.

Icky-Sticky-Date-Pudding

200 g Datteln, entsteint
280 ml Wasser
1 TL Natron
80 g Butter
150 g Zucker
2 Eier
170 g Mehl
1 gehäufter TL Backpulver
1/2 TL Vanillearoma

Für die Karamellsauce

200 g brauner Zucker
6 EL Crème Double
130 g Butter
1/2 TL Vanillearoma

1 Backofen auf 180 °C vorheizen.

2 Die Datteln in Stücke schneiden und in einen Topf geben. Wasser und Natron hinzufügen und aufkochen. Dann vom Herd nehmen.

3 Butter und Zucker mit einem Mixer cremig schlagen. Die Eier nacheinander unterrühren. Das Mehl mit dem Backpulver vermischen und mit den Datteln samt Flüssigkeit und Vanillearoma unter den Teig mengen.

4 Eine Kuchenform (20 cm Durchmesser) einfetten und mit Mehl ausstäuben. Den Teig in die Form geben und 1 Stunde im vorgeheizten Ofen (möglichst mit Umluft) backen.

5 Für die Karamellsauce alle Zutaten vermischen und in einem Topf zum Kochen bringen. Dann die Hitze reduzieren und weitere 3 Minuten köcheln lassen.

6 Die Sauce als Spiegel auf die Teller geben und jeweils ein Kuchenstück daraufsetzen.

Menü 3

Garnelen-Chili-Ravioli mit Hummersauce
St. Petersfisch in Kokosnussmilch auf Glasnudeln mit Korianderkraut
Zuccotto

Das kann vorbereitet werden

Die Garnelen-Chili-Ravioli zubereiten und erst kurz vor dem Servieren garen. Die Glasnudeln vor dem Eintreffen der Gäste marinieren. Den Biskuitteig backen. Die Schokoladensahne aufkochen und kalt stellen. Mandeln und Haselnüsse hacken.

Timing

Kein Gang dieses Menüs ist aufwändig oder kompliziert. So lautet die gute Nachricht. Die schlechte ist, dass kein Gang in diesem Menü komplett vorbereitet werden kann. Vieles muss einfach frisch auf den Tisch, damit es perfekt schmeckt. Aber, wie schon gesagt, die Zubereitung dauert nicht lange, sodass Sie Ihre Gäste immer nur für eine kurze Zeit allein lassen müssen. Versprochen.

Die Ravioli können immerhin schon am späten Nachmittag vorbereitet und dann kühl gestellt werden. Gleiches gilt für den Biskuitteig der Nachspeise.

So geht's

So plätten Sie den Nudelteig richtig in der Maschine: Zuerst die Maschine auf die breiteste Einstellung stellen. Den flachen Teig durch die Rollen führen, anschließend dreifach falten. Dann den Teig mit der offenen Seite (dort, wo er nicht gefaltet ist) wieder durch die Rollen ziehen. Das Ganze mehrfach wiederholen und immer dreifach falten. So wird der Teig richtig geknetet. Dann zum Ausrollen die Walzen eine Stufe enger stellen. Den Teig wieder durch die Rollen drehen, aber nicht falten. Die Rollen jeweils um eine Stufe enger stellen, damit der Teig immer dünner ausgerollt wird. Vor dem Schneiden den Teig kurz antrocknen lassen!

Die Zitrone niemals bis auf das Weiße der Schale reiben, immer nur das Gelbe verwenden! Ansonsten erhält die Füllung einen bitteren Beigeschmack. Das gilt auch für alle anderen Gerichte, für die Sie geriebene Schale verwenden.

Wenn's wirklich perfekt sein soll

Was den Koriander angeht, scheiden sich die Geister: Die einen lieben, die anderen hassen ihn. Bei diesem Hauptgericht ist er jedoch unerlässlich. Wenn Sie nicht wissen, ob es unter Ihren Gästen einen eingefleischten Korianderhasser gibt, lassen Sie bei der Marinade besser Vorsicht walten. Stellen Sie einfach frisch gehackten Koriander in einem Schälchen auf den Tisch, aus dem sich die Korianderfreunde bedienen können. So sind alle zufrieden und können den köstlichen Petersfisch genießen!

Nicht vergessen!

Vorsicht beim Koriander! Wenn Sie zu viel davon verwenden, bekommt das Gericht schnell eine leicht seifige Note.

Hierzu schmeckt ein frischer, fruchtiger Riesling.

Garnelen-Chili-Ravioli mit Hummersauce

Für den Teig

150 g Mehl
150 g Hartweizengrieß
150 ml kaltes Wasser

Für die Füllung

350 g Riesengarnelen
2 rote Chilischoten
100 g Ricotta
100 ml Schlagsahne
1/2 Eiweiß
Salz, Pfeffer
abgeriebene Schale von 1/2 Zitrone

Für die Sauce

20 g Mehl
30 g Butter
70 g Schalotten
3 EL Wermut
800 ml Hummerfond
Pfeffer aus der Mühle

1 Für den Nudelteig Mehl und Hartweizengrieß mit dem Wasser zu einem glatten Teig verarbeiten. Diesen anschließend 1 Stunde im Kühlschrank ruhen lassen.

2 Für die Füllung die Riesengarnelen vom Darm befreien, in kleine Stücke schneiden und 30 Minuten ins Gefrierfach legen. Die Chilischoten halbieren, entkernen und fein würfeln. Nun die eiskalten Garnelen in einer Küchenmaschine zerkleinern. Ricotta, Sahne sowie Eiweiß hinzufügen und durchmixen. Mit Salz und Pfeffer würzen. Chilischoten und Zitronenschale dazugeben und die Füllung 30 Minuten kalt stellen.

3 Für die Sauce Mehl mit 10 g Butter verkneten und ins Gefrierfach geben und sehr fest werden lassen. Die Schalotten abziehen, fein würfeln und in der übrigen Butter glasig dünsten. Mit Wermut und Hummerfond ablöschen und einige Minuten einkochen lassen. Dann die Mehlbutter in Stückchen hinzufügen und weitere 3 Minuten unter Rühren kochen. Mit Pfeffer würzen.

4 Den Nudelteig in 4 große Stücke schneiden, zu flachen Rechtecken formen und in der Nudelmaschine plätten (siehe S. 144). Anschließend den geplätteten Nudelteig auf ein Brett legen und eine Hälfte mit Klecksen der Füllung belegen. Die Zwischenräume mit Wasser bestreichen. Dann die andere Hälfte darüber legen, die Zwischenräume andrücken und die Ravioli mit einem Messer oder Ravioli-Rädchen ausstechen. Das Ganze mit dem übrigen Teig und der Füllung wiederholen. Der Teig sollte für ca. 20 große Ravioli reichen. Die Ravioli in kochendes Salzwasser geben und 3 Minuten garen. Mit einer Schaumkelle herausnehmen und abtropfen lassen.

5 Die fertigen Ravioli mit der Hummersauce servieren.

Probieren Sie hierzu einen halbtrockenen, fruchtbetonten Riesling, der perfekt zu den Aromen der asiatischen Küche passt.

St. Petersfisch in Kokosnussmilch auf Glasnudeln mit Korianderkraut

Für den Fisch

1 Chilischote

1/2 Ingwerknolle

4 Schalotten

Sesamöl zum Anschwitzen

250 ml ungesüßte Kokosmilch

4 getrocknete Kaffirlimettenblätter

Salz

Zucker

5 St. Petersfischfilets à 100 g

1 EL geschlagene Sahne

Für die Glasnudeln

100 g Glasnudeln

1 TL Oystersauce

1 TL Fischsauce

1 EL Sesamöl

frischer Koriander nach Geschmack

Salz

Für die Dekoration

Chili aus der Mühle

Korianderblätter zum Garnieren

1 Für den Fisch die Chilischoten halbieren und entkernen. Ingwer und Schalotten schälen und grob würfeln. Alles in Sesamöl anschwitzen. Dann mit der Kokosmilch auffüllen. Die Kaffirlimettenblätter zufügen und mit Salz und Zucker abschmecken. Die Fischfilets in eine Form geben, mit dem vorgekochten Fond übergießen und im Backofen bei ca. 160 °C 8 bis 10 Minuten garen.

2 Den Fisch herausnehmen. Den Fond durch ein Sieb passieren und mit der Sahne schaumig mixen.

3 Die Nudeln in heißem Wasser einweichen, abschütten und mit den übrigen Zutaten vermischen. Anschließend salzen.

4 Die Nudeln auf den Tellern anrichten, den Fisch in die Tellermitte daneben setzen und mit dem Kokosmilchschaum überziehen. Mit etwas Chili aus der Mühle würzen und mit Korianderblättern garnieren.

Reichen Sie hierzu ein Glas Vino Santo.

Zuccotto

Für den Zuccotto

5 Eier

125 g Zucker

50 g Mehl

50 g Speisestärke

Backpapier

Zucker zum Stürzen

Amaretto (Mandellikör) zum Beträufeln

1 l Schlagsahne

200 g halbbittere Schokolade (ca. 50% Kakaoanteil)

50 g Mandeln, gehackt

50 g Haselnüsse, gehackt

50 g Haselnusskrokant

Für die Dekoration

200 ml Sahne

200 g Krokant

Früchte der Saison

1 Für den Biskuit die Eier mit dem Zucker mindestens 10 Minuten mit dem Mixer schaumig schlagen. Mehl und Speisestärke unterheben und das Ganze auf ein mit Backpapier ausgelegtes Backblech geben, sodass es komplett bedeckt ist und bei 175 °C ca. 15 Minuten backen.

2 Dann den Biskuit auf ein mit Zucker bestreutes Geschirrtuch stürzen. Nach dem Abkühlen beliebig große Kreise ausstechen (nicht kleiner als 14 cm Durchmesser) und mit dem Mandellikör beträufeln.

3 Nun 1/2 l Sahne mit 100 g Schokolade aufkochen (die Schokolade muss komplett geschmolzen sein) und für mindestens 3 Stunden kalt stellen. Anschließend steif schlagen.

4 Den anderen 1/2 l Sahne steif schlagen und mit Mandeln, Nüssen und Haselnusskrokant vorsichtig vermischen. Die restlichen 100 g Schokolade grob zerhacken und unter die Nusssahne heben.

5 Einen Biskuitkreis mit Schokosahne bestreichen, mit einem weiteren Kreis belegen und mit Nusssahne bestreichen. So fortfahren, bis ein kleiner »Turm« entstanden ist. Diesen vorsichtig mit steif geschlagener Sahne außen bestreichen und von allen Seiten mit Krokant bestreuen.

6 Den Zucchoto auf einem Teller anrichten und mit Früchten der Saison dekorieren.

Ein Zuccotto ist eine Torte in Kuppelform und stammt aus Florenz. Angeblich wurde die Erfinderin der Torte, Caterina de Medici, von der Kuppel des Florentiner Doms inspiriert.

Menü 4

Terrine von Butifarrón mit Schalotten-Chutney
Tournedos und Tortilla mit Sobrasada
Küchlein von Birnen und Wildfrüchten

Das kann vorbereitet werden

Terrine am Vortag zubereiten. Das Schalotten-Chutney kochen und abkühlen lassen. Kartoffeln schälen und würfeln. Die Wildbeeren zu einer Marmelade kochen. Die Birnen einkochen und abkühlen lassen. Die Schokoküchlein backen.

Timing

Schon die Vorspeise, eine Terrine, ist recht aufwändig in der Zubereitung. Aber sie hält Sie nicht davon ab, sich um Ihre Gäste zu kümmern, denn sie muss schon am Vortag hergestellt werden, da sie sonst keine Zeit zum Stocken hat. Ein Pluspunkt!

Für die Hauptspeise benötigen Sie mindestens 30 Minuten. Diese Zeit können die Gäste damit verbringen, einen kleinen Rundgang durch Ihre Wohnung zu unternehmen. Aufräumen nicht vergessen!

Das Dessert ist dann wieder schnell angerichtet.

So geht's

Die in der Vorspeise verwendete »Butifarrón« ist eine mallorquinische, mit Kräutern gewürzte Blutwurst. Sie kann aber problemlos durch deutsche Blutwurst ersetzt werden.

Nicht vergessen!
Muffin-Förmchen besorgen.

Bei der »Sobrasada« handelt es sich um eine feine Schweinemettwurst, die durch Paprika und Chilischoten ihren besonderen Geschmack erhält. Auf Mallorca, wo noch so manche Familie selbst schlachtet, gibt es eine Vielzahl an unterschiedlichen Rezepten, die oft wie Schätze gehütet werden. Falls Sie keine echte »Sobrasada« beim Feinkosthändler bekommen, können Sie auch eine ungeräucherte, mittelfeine Mettwurst nehmen und zusätzlich mit mittelscharfem Paprika würzen.

In diesem Menü werden die Tournedos, die feinen Filetsücke vom Rind, fast roh serviert. Das mögen in Deutschland nur wenige. Stimmen Sie den Garpunkt des Fleisches auf den Geschmack Ihrer Gäste ab und braten Sie das Fleisch so, wie Sie es auch von anderen Filetstücken gewöhnt sind. Das beeinflusst den Geschmack dieses köstlichen Gerichtes nicht.

Wenn's wirklich perfekt sein soll

Dieses Menü hat es in sich. Es ist gehaltvoll, geschmacklich hochinteressant und verlangt aufgeschlossene Gäste, die sich auf Blutwurst und halbrohes Rindfleisch einlassen. Wie gut das Rind gelingt, hängt nicht nur von Ihren Kochkünsten ab. Erwischen Sie ein Stück aus der Lende einer alten Kuh, wird das Fleisch zäh sein – da können Sie machen, was Sie wollen. Am schmackhaftesten ist das Fleisch junger, gemästeter Ochsen, das von feinen

Fettadern durchzogen und lange genug gereift ist. Für unsere Zubereitungsart, das Kurzbraten, sollte das Fleisch zwei bis drei Wochen abgehangen sein. Sie müssen sich also in diesen Fragen auf Ihren Metzger verlassen können.

Cajun-Gewürz – selbst gemacht

1 EL Zwiebelpulver
1 EL Knoblauchpulver
2 TL schwarzer gemahlener Pfeffer
2 TL weißer gemahlener Pfeffer
2 TL Cayennepfeffer
2 TL getrockneter Thymian
1 TL getrockneter Oregano (oder getrocknetes Basilikum)
Alle Zutaten miteinander vermischen.

Wenn Sie Weißwein mögen, probieren Sie hierzu einen Chenin Blanc aus Südafrika. Bevorzugen Sie Rotwein, empfehlen wir einen Beaujolais Cru, z. B. einen Morgon.

Terrine von Butifarrón mit Schalotten-Chutney

Für das Chutney

500 g Schalotten
ca. 250 ml Wasser
500 g Zucker
1 Bund Thymian
Cayennepfeffer

Für die Terrine

500 g Gehacktes vom Schwein
1 Putenbrust (ca. 300 g)
200 g Schweinespeck
1 Bund frische Petersilie
1 Bund frischer Koriander
Fleur de Sel (Meersalz)
Pfeffer
Cajun-Gewürz
1 TL Kreuzkümmel
4 süß-pikante Butifarrón, ersatzweise Blutwurst
5 Scheiben Toastbrot

Für die Dekoration

frischer Koriander

1 Für das Chutney die Schalotten schälen und hacken. In einem Topf mit Wasser und Zucker erhitzen und bei niedriger Temperatur ohne Deckel ca. 1 Stunde köcheln lassen. Abgezupfte Thymianblättchen und Cayennepfeffer unterrühren. Danach abkühlen lassen.

2 Für die Terrine Gehacktes, Putenbrust und Schweinespeck (ersetzt die Gelatine, gibt der Terrine durch den hohen Fettgehalt Festigkeit) in der Küchenmaschine oder mit dem Stabmixer pürieren. Petersilie und Koriander waschen, trocken tupfen, die Blätter abzupfen, hacken und hinzufügen. Diese Farce mit Fleur de Sel, Pfeffer, Cajun-Gewürz und Kreuzkümmel (nach Geschmack) abschmecken.

3 Den Boden einer Terrinenform mit einem Teil der Farce bedecken. Zwei Butifarrón darauflegen und diese wiederum mit der Farce bedecken. Diesen Vorgang wiederholen. Die Form für 40 Minuten in den auf 170 °C vorgeheizten Backofen geben. Anschließend bei Zimmertemperatur abkühlen und über Nacht im Kühlschrank ruhen lassen, um die Festigkeit zu erhöhen.

4 Direkt vor dem Servieren die Toastbrotscheiben goldbraun rösten und in Kreisform ausstechen. Je 1 Kreis auf einen Teller geben und mit dem Schalotten-Chutney bedecken. Die Terrine in dünne Scheiben schneiden und um das Brot arrangieren. Etwas frischen Koriander darüberstreuen.

Auch wenn es hier höchst mallorquinisch zugeht: »Chutney« stammt aus Indien, wo die Würztunken so beliebt sind wie hierzulande (bei manchem) Mayonnaise oder Ketchup.

Probieren Sie hierzu einen kräftigen Rioja Crianza.

Tournedos und Tortilla mit Sobrasada

Für die Tournedos

15 Schalotten

15 frische reife Feigen

1 l Rotwein

2 Zweige Rosmarin

2 EL Rosmarinhonig

700 g Lende vom Rind am Stück

Fleur de Sel

Pfeffer

Für die Tortilla

1 kg mittelgroße, fest kochende Kartoffeln

2 große Zwiebeln

500 ml Sonnenblumenöl

Salz

Pfeffer

1 kleine Sobrasada (ca. 250 g) oder Streichmettwurst

6 Eier

1 Die Schalotten schälen und im Ganzen zusammen mit Feigen, Rotwein, gehackten Rosmarinnadeln und Rosmarinhonig bei geringer Temperatur erhitzen und ca. 1 Stunde einkochen lassen.

2 Für die Tortilla Kartoffeln schälen und in kleine Würfel schneiden. Zwiebeln abziehen und hacken. Beides in einer tiefen Pfanne im Öl frittieren. Anschließend salzen und pfeffern. Nach ca. 20 Minuten das Öl herausschöpfen. Sobrasada in kleine Stücke zerteilen und mit den verquirlten Eiern dazugeben. Bei geringer Temperatur von beiden Seiten gold anbraten.

3 Rindfleisch mit Fleur de Sel und Pfeffer würzen. Im Ganzen bei großer Hitze von beiden Seiten kurz anbraten. Dann aus der Pfanne nehmen und in Tournedos (ca. 5-6 cm dicke Tranchen) schneiden. Diese nochmals sehr kurz anbraten.

4 Tournedos in die Mitte der Teller legen. Die Schalotten-Feigen-Mischung darüber geben. Tortilla zu kleinen Dreiecken ausstechen und dazu anrichten.

Ein Glas Champagner zu diesem Dessert, und Ihre Gäste werden ins Schwärmen geraten!

Küchlein von Birnen und Wildfrüchten

500 g Wildbeeren (z.B. Brombeeren, Himbeeren, Heidelbeeren)
500 g Zucker
2 Zweige Thymian
20 ml Gin
1 kg Birnen
2 Zweige Rosmarin
ca. 250 ml Wasser

100 g amerikanischer Pfannkuchenteig (Fertigprodukt)
100 g Kakaopulver
1 Ei
100 ml Milch

Für die Dekoration

frische Minzblätter
einige Beeren

1 Wildbeeren (einige Früchte für die Garnitur zurücklassen), 250 g Zucker, gehackte Thymianblättchen und Gin einkochen. Anschließend durch ein Sieb streichen.

2 Birnen schälen, entkernen und in Stücke schneiden. Mit 250 g Zucker, gehackten Rosmarinnadeln und Wasser bei geringer Temperatur ca. 30 Minuten einkochen. Dann im Kühlschrank abkühlen lassen.

3 Den Pfannkuchenteig, Kakao, Ei und Milch zu einem Teig rühren. In Muffinförmchen füllen und bei 180 °C im Ofen backen.

4 Je einen Wildbeergelee-Spiegel auf 5 Teller setzen. Aus den fertigen Küchlein in der Mitte ein Loch ausstechen und die Küchlein in das Wildbeerengelee setzen, bis sie zur Hälfte vollgesogen sind. Dann die ausgestochenen Löcher mit dem Birnenkompott füllen und mit Minzblättern sowie einigen Beeren garnieren.

Register